Till Lindemann
Messer

Meinem Vater

Till Lindemann

Messer

Herausgegeben von Gert Hof

Fotografiert von Jens Rötzsch und Gert Hof

Eichborn.

1 2 3   04 03 02

© Eichborn AG, Frankfurt am Main, 2002
Umschlaggestaltung: Gert Hof
Layout und Satz: Offizin Götz Gorissen
Druck und Bindung: Artes Graficas, Toledo
ISBN 3-8218-0927-2

Verlagsverzeichnis schickt gern:
Eichborn Verlag, Kaiserstraße 66, 60329 Frankfurt am Main
www.eichborn.de

Inhalt

VORWORT
Poesie ohne Rückkehr

Vor der Entscheidung, zum Frühstück Benzin oder frischgepreßten Orangensaft zu trinken, steht man relativ selten. Doch schon beim Nachdenken über diese Alternative beginnt man, sich einen Schritt von der Normalität zu entfernen. Ich denke die Entscheidung würde leichter fallen, wäre der Kellner, der diese Frage stellt: Raskolnikow. Lindemann hat sich entschieden.

Irgendwann im Herbst 1995 bin ich Lindemann das erste Mal begegnet. Es war kein normales Gespräch, eher vorsichtig. Lindemann hatte etwas Besonderes: Man konnte mit ihm schweigen. Es entstand dabei kein Druck, sondern eher eine stille Übereinkunft über eine Sehnsucht, die man nicht zu artikulieren braucht, sondern tief im Blut trägt. Es war ein Anfang. Monate später zeigte mir Lindemann seine ersten Gedichte – ein Vertrauensbeweis.

Beim Lesen merkte ich schnell, daß diese Gedichte nicht zwischen Gottfried Benn und Wladimir Majakowski einzuordnen sind, auch nicht woanders. Es sind Gedichte von Till Lindemann.

Anfang dieses Jahres hatten wir die Idee, aus den Gedichten ein Buch zu machen. Die Gedichte entstanden zwischen 1995 und 2002. Aus den über tausend Gedichten habe ich die hier veröffentlichten ausgewählt. Die Gedichte erscheinen hier erstmals – eine Weltpremiere. Ich hätte sie gern alle veröffentlicht – die anderen werden folgen, später.

Die Fotos sind eine in sich geschlossene Kunstwelt – eine Theaterinszenierung, Basis dafür waren die Gedichte. Die Fotografien sind ausschließlich für diesen Gedichtband entstanden und werden hier das erste Mal veröffentlicht. Eine Begegnung einer Kunstfigur mit anderen Kunstfiguren in einer artifiziellen Welt. Eine Reise in eine fremde, seltsame Landschaft. Die Fotos sollen nicht die jeweiligen Gedichte illustrieren. Fotografie und Gedicht ermöglichen eine neue, subjektive Betrachtungsweise.

Die Gedichte sind wie ein Riß, der durch die Realität geht. Sie erzählen von Situationen, die oberhalb oder unterhalb der gewohnten Zimmertemperaturen sind. Lindemanns Gedichte sind verbale Hinrichtungen, poetischer Suizid, sie gleichen einem Fallbeil aus Worten. Es sind Wunden aus Verzweiflung und Hoffnung. Fluchtgedanken voller Einsamkeit aus einem Herz voller Mut und Sehnsucht geschossen. Ein Florett gegen das Mittelmaß, gegen die Verlogenheit. Eine lyrische Abrechnung, eine Vollstreckung.

Lindemanns Lyrik kann und soll keine Lösung für Probleme sein. Sie kann Fackel sein; für einen Moment kann sie die Nacht zerschneiden, wie ein Lichtskalpell – mehr nicht und doch so viel. Diese Gedichte sind ihr eigener Feind. Die moralische Überlegenheit besteht darin, daß sie für den Einzelnen keine Hoffnung haben. Vielleicht können sie Schmerz vermitteln – der einzige Kamerad, der ein Leben lang die Treue hält.

Die Gedichte beschreiben die Struktur der Angst, den Verbrennungsgrad der Träume und die Zerstörung menschlicher Beziehung – eine Materialsammlung aus Leidenschaft. Diagnosen der Stille, sie erzählen von Kammern, in denen man Vergangenheit verschlossen hat. Kriegsschiffe im Aufbruch gegen die Flut der gebrochenen Himmel in uns.

In einer Zeit, in der die deutsche Gegenwartslyrik zu einem pseudointellektuellen Doppelbären im Zwickauer Zoo verkommen ist, wirken die Verse von Lindemann wie ein Sturm aus Flammen, der hoch aus dem Norden über eine Oase aus Nacht fegt. Sprengsätze voller Kompromißlosigkeit und Kraft aus einem organischen Herzschrittmacher. Es sind Tunnel aus den Schreien verbrannter Zeit. Ein moderner Exorzismus, der uns zu den Venen unserer Seelen führt. Echos, gemeißelt in die Wände unserer Schmerzen. Poesie ohne Rückkehr, die sich wehrt.

Lindemann erzählt von Wunden in den Zeiten des Verrats. Wie in einem Blutkessel werden die Wörter lebendig gehäutet. Als wären die Stimmbänder mit Hammer und Schere zerschnitten im Steinbruch des Herzens. Wie könnte man anders schreiben, wenn man auf der Netzhaut die Nagelspur als Stigma trägt.

Wir wären, auch die deutsche Lyrik, ohne diese Gedichte ärmer. Wie durch ein offenes Fenster weht die Kraft der Verse und entfacht in uns die gelöschten Feuer. Lindemanns Gedichte sind selbstbestimmt, ohne Eitelkeit, ohne Opportunismus, ohne Feigheit. Lindemann ist ein redlicher Denker, ein treuer Mensch, ein treuer Freund. Für Dein Vertrauen und Deine Freundschaft danke ich Dir.

Gert Hof

DIE GEDICHTE

Messer

Das tote Meer in meinem Fleisch
hat geboren einen Hafen
jeden Tag zur gleichen Zeit
legt sie an um mich zu strafen
mit einer sterbenden Galeere
die Lerche mit der weißen Haube
ich würde töten daß sie bei mir wäre
doch hat sie Schnabel gleich dem Greif
und Fänge scharf wie eine Schere

Sie wirft Anker und wird singen
entzwei mein Schiffchen aus Papier
schneidet es mit edlen Klingen
schreit sich zu kälteren Gewässern
es sinkt und niemand singt mit mir
und darum hab ich Angst vor Messern

Das Schiffchen blutet aus dem Mast
in die Brust der Großmama
und wenn ihr nachts die Sonne scheint
ist jemand da der mit ihr weint
wir treiben kalt auf Augenschauern
hungerfroh in schweren Fässern
sie schneidet tief um mich zu essen
und darum hab ich Angst vor Messern

Und wenn mir nachts die Sonne scheint
ist niemand da
der mit mir weint

Ich habe dich im Traum gesehen
in heller Nacht auf hartem Bette
lief mit dem Alptraum um die Wette
meine Sohle schwer gleich Blei
das Angstgeschöpf zieht rasch vorbei
und rief in Lust und Sinnenwahn
all Weib mit deinem Namen an
und ich werde nicht mehr wach
warum gibt die Erde nach
die Finger krampfen in den Schlamm
als er mit dem Fuße dann
kräftig ins Gesicht mir schlägt
Erschöpfung an den Fingern sägt
tritt mir heftig in die Rippen
reißt mir das Zucken von den Lippen
geknotet an des Lebens Rest
wirft Krumen Mitleid mir zum Fest
als Sieger stand er über mir
lachte und erzählt von dir
so du noch auf dem Altar
dich vereintest jung an Jahr
dich vor meinen Blicken paartest
ich dachte daß du auf mich wartest
erwache aus dem Schlaf der so verdorben
wär besser doch im Traum gestorben

Drei Wochen liegt sie ohne Regung
auf meinem Tisch der vom Barock
nur Hüfte reißt sich aus dem Pflock
macht eine Ehestandsbewegung

Die macht meine Augen fliehen
ich kann den Blick nicht halten
Versuch die Lenden zu erkalten
so geb ich ihr die Medizin

Meine Hände schwitzen klamm
ihr ganzer Körper scheint erfroren
etwas Mozart hilft den Ohren
weil sie nur noch hören kann

Aus dem Knie ein Zupf gedrechselt
ich fräse mich nach oben
wird mir Dampf zum Mund geschoben
drei Wochen Schoßtuch nicht gewechselt

Es wird ihr rot bis vor das Bein
da laß ich sie nicht leiden
kann sich doch nicht sauber kleiden
und schläft zur Zauberflöte ein

Tod nach Noten

Geboren in Bedrängnis
und an eine Sau gelegt
den Zitzen zum Verhängnis
Milch in beiden Ohren
so offen Ärgernis erregt
gealtert in Vergängnis
Tod sei Dank nicht neugeboren

Doch selig sind die Toten
die krepiert sind auf gerahmten Noten
verglaste kleine Geister
wühlen in Seelen
großer toter Meister
ein Walzer der Idioten
der Herzschlag gibt den Takt
so sterben wir nach Noten

Immunschwäche sehr positiv

Sie ist Mitte Vierzig
hat eine Narbe auf dem Bauch
von einer mexikanischen Machete
ich versprach ihr die Ehe
zwei anderen Huren auch

Zerrissen ihr Segel
zerstückelt die Brüste zu Haifischluder
von einer mexikanischen Machete
unser Floß eine Leiche
ihr eigener Bruder

Dem Seesturm entkommen
wir sterben nicht in Booten
durch eine mexikanische Machete
wir schwimmen mit den beiden Dirnen
von ganz alleine zu den Toten

Ich sehe eine Sternenschnuppe
so werd ich von des Schoßes Herde
ein kleines schwarzes Haar befreien
und lege es in meine Suppe
was da ist und was es werde
nichts wird so wie früher sein

Verschüttet ist die gute Säure
du hast dich kaum verändert
nur die Gebärden wirken wild
meine Liebste meine Teure
ich trink den Staub von diesem Bild

Dein Fleisch ist ein zerrissenes Segel
die arme Seele in der Schwebe
Haut ist tief gepflügte Erde
die Händchen ohne Fingernägel
was da war und was es gäbe
zu spät für artige Beschwerde

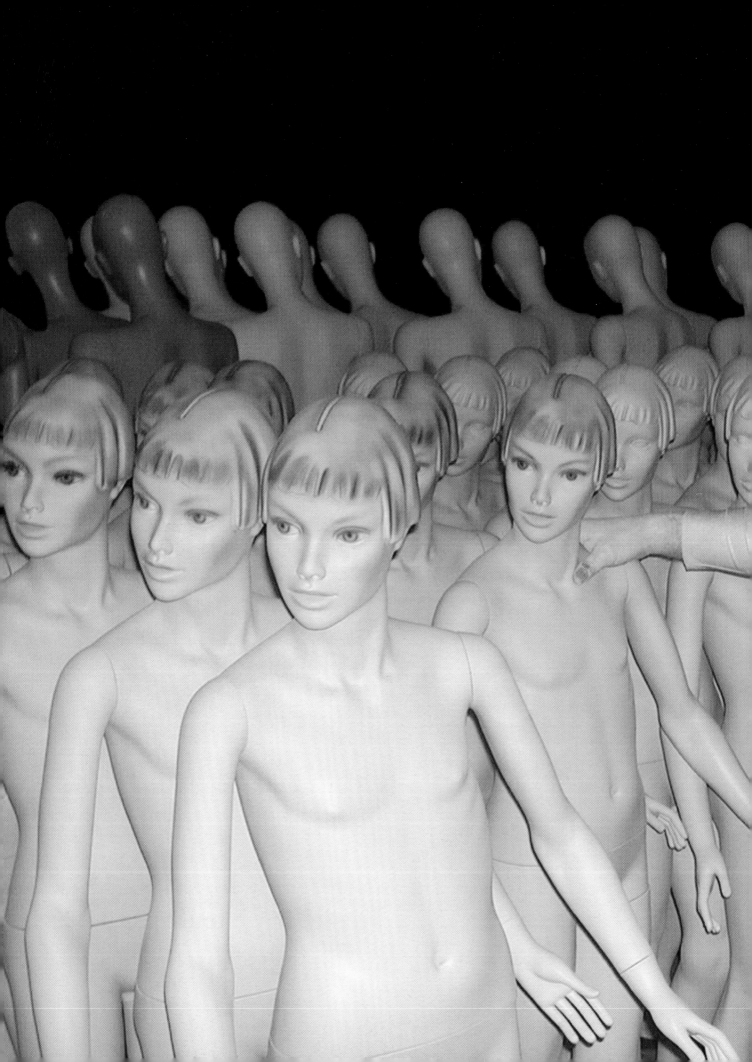

Viva Andromeda

(1)

In blanker Rüstung steht mein Heer
von ach zehntausend Illusionen
geziert mit Bändern und mit Fähnchen
ich selbst Pilot auf weißem Pferd
bin Pionier im Morgenrot
nicht wissen was der Horizont
da meine Flotte wartet auf Signal
das ich wohl gebe wenn es Zeit
zu schmähen die Bedränger

Und so erober ich dann ohne Unterschied
die Schlachten niemals lange währen
ja alle Götter stets auf meiner Seite
in Rängen und von Logenplätzen
das Echo ihrer Schaulust klappert
wenn ich im Flug dem Gegner nehme
Leben und auch Hab und Gut
um zu beschenken dich nach Art
die dich die meine werden läßt

So ich mich mit dem Drachen schlug
das funkelndste der Augen
seiner feisten Köpfe
nun ziert den Ring an seidnem Finger
für ein Versprechen daß du ewig wohnest
wohl unter meiner Schindel
und nur sein Blut war es was versiegelte
einst die Lippen gleich Libellenflügeln
weil sie bestimmt doch nur für meinen Mund

Nahm ich nicht Bad in seinen Därmen
die dann wie blasses Linnen ich
so kunstvoll schlang ach um deine Hüften
weil doch so gläsern sie
Schutz bedurften nun zu jedem Herzschlag
auf daß alleine ich
den Turm der Lust zu deinem Himmel
Stein auf Stein und sanft dir richte
bis in den Kosmos irdischen Verlangens

Andromeda ich kann dich sehen
warst nie so nah wie dieser Tage
ein Wunder widerfuhr da meinen Augen
und feiert Richtfest nun auf allen Poren
das weiße Pferd wird mein Schicksal sein
Trompeten schmettern über alle Zelte
verkünden Sieg für alle Zeiten
doch Rang und Loge bleiben leer
und dunkel wurd es nicht zur Nacht

(2)

Es bleibt ein Jahr mir noch und zwei der Tage
zu schreiben was mir widerfuhr
nichts heilt den Schmerz ob des Betruges
verraten leck ich meine Wunden
zieh nun heimwärts
den Himmel färbt braun der Rüstung Rost
gebrochene Lanze ziert zum Hohn
die einzige Beute
dein eingestaubtes Lächeln
und die Korona kann den Weg nicht leuchten
da müde ich so auch der Glaube
und alle meine Mannen tot
bleibt keine Kraft zu stellen
ein neues Heer

Zum Sein
von schlechten Eltern

Ich hasse deinen Vater
an seinem fetten Bauch
auf ihren schlaffen Schinken
die Mutter deine auch
entrissen der Geduld die Brust
in einer Nacht voll Fleischesnot
fielen in sich vor der Ehe und
zeugten dich auf trocken Sekt
die Scham derweil fraß trocken Brot

Die Eierstöcke von Mama
und auch die Wanzen unterm Bett
feierten ein schmutzig Fest
besoffen sich am Hodenfett
doch der liebestolle Freier
wälzte sich vor Schmerz im Dreck
verlor sich in den nahen Weiher
man trug ihn mit der Schaufel weg

Die Mutter wurde krank im Schritt
zu spät das Tierchen abzusaugen
warf dich in den Staub des Seins
und mir das Wasser in die Augen
da ich zwanzig Winter später
mich vergifte an dir Tag und Nacht
an faule Lendenfrucht gefesselt
und um mein Seelenheil gebracht

Nebel

Wenn die Nebel aus den Wiesen steigen
werd ich mir die Haut aufschneiden
zwei Faden unterm Schlüsselbein
laß ich das weiße Meer hinein

Ich steche mir die Augen aus
ohne Fenster ist das Haus
schlag mir schön den Schädel ein
dann schneit es und mein Hirn friert ein

Ich hacke meine Brust aus Spaß
es regnet und mein Herz wird naß
öffne meine dicken Venen
und schenk dir Sträuße roter Tränen

Ich schneide wie ein Blatt Papier
jeden Tag ein Stück von mir
leg dir die Teile auf die Stirn
versenke sie in deinem Hirn
bis ich winzig und ganz klein
zieh dann in deinen Körper ein

Ich werd auf deine Brüste steigen
und mir selbst die Aussicht zeigen
durch die Lippen kriechen müssen
kann ich deine Zunge küssen

Der Leberfleck auf deinem Bein
soll meine kleine Insel sein
die kleine Narbe wird mein Nest
ich halt mich an den Härchen fest
wenn du das blasse Kleid anziehst
und weine wenn du Märchen liest

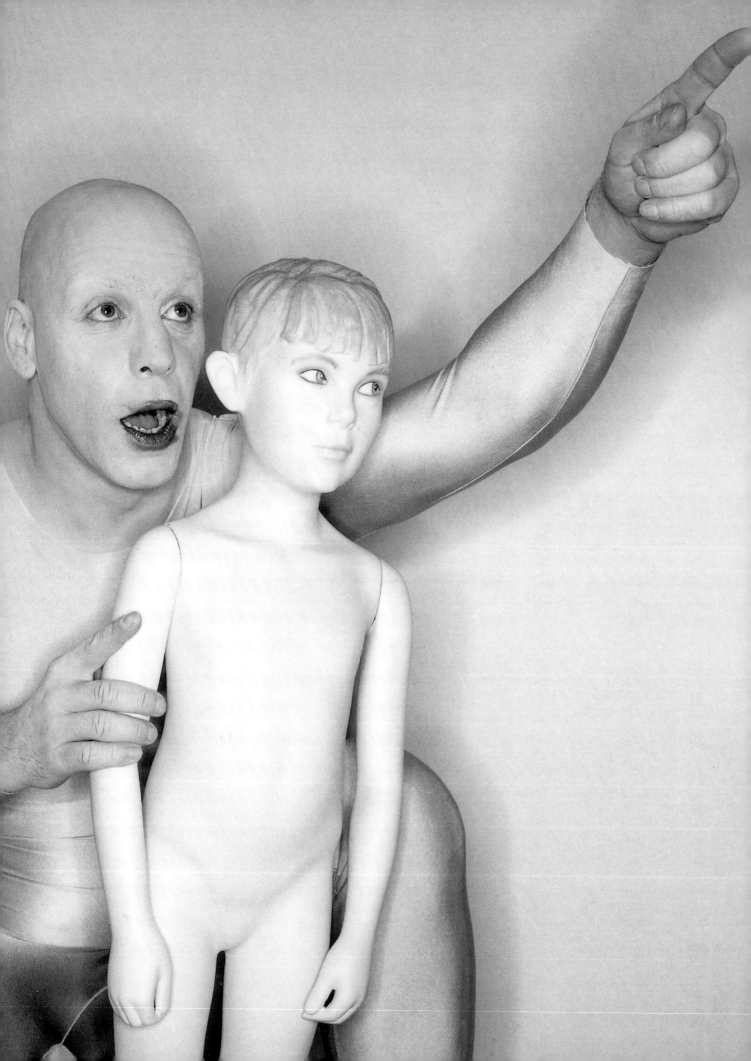

Meine Mutter ist blind

Akne und Rosazea liefen Hand in Hand
über meine zarte Haut
über unberührtes Land
und haben es im Streich verbrannt

Mein Vater spricht zu mir
liebes Kind glaub jetzt und hier
die Frau die dich zum Manne nimmt
ist selber häßlich oder blind

In den Spiegel seh ich nicht
ich trag die Fackel im Gesicht
ich bin einsam doch nicht allein
Akne und Rosazea werden immer bei mir sein

Auf dem Friedhof

Als mein Vater noch lebte
erzählte er gerne so eine Kriegsgeschichte
ein Granatsplitter wäre durch den Leibrock in seinen Rücken gegangen
und man hatte ihn nicht entfernen können
sei zu dicht am Rückgrat
mit den Jahren sei das Schrapnell zwischen den Schultern gewandert
in einer großen Eitertasche
ich bin müde mir ist übel
und ich hab das Ding immer noch nicht gefunden

Auf dem Friedhof (2)

Gefunden
ein großes Stück Metall
ganz schwarz
ich werde mir einen Brieföffner daraus ziehen
bin wieder gut

Sie erzählen man hätte das Grab einer Wöchnerin geöffnet
und gar grausig hinterlassen

Andacht

Wer zu Süden spuckt und sich den Sputem
beschaut wie einen Kandinsky
will dann ein Meer gespeit
ist seines klein so nicht meins
steck artig die Zunge ins Gefräß
weich wie eine Ammenbrust
und der Mond schreit sich zur Sichel
das leise Licht soll Schnitter sein
als der Nebel fällt Schwat um Schwat
der halbe Stern hält seinen Grimm ins Meerchen
so wurd es heiß zur Nacht
und roch nach Hühnerfutter

Durch dick und dünn

Wehen Liebeswinde flau
küßt Mann auch die fette Frau
die Seele tief im Wasser liegt
auch Frau nimmt alles was sie kriegt

Du bist jung
und ich bin nett
ich hab ein weiches Doppelbett
jedes Schiff braucht einen Hafen
warum willst du nicht an mir schlafen

Ich bin nicht jung
du bist nicht nett
ich bin häßlich du bist fett
doch im Sturm ist jeder Hafen gut
und morgen bist du ausgeruht

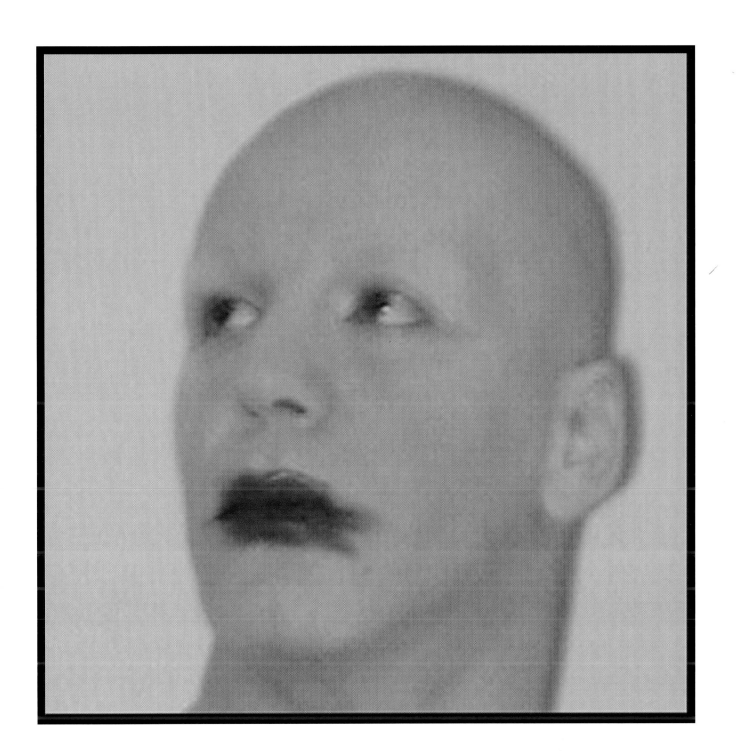

Ich weiß

nicht warum ich spät aufstehe
warum ich so früh schlafen gehe
auf das eigene Geheiß
bin ich einsam mit viel Fleiß
so leb ich schon zu viele Jahre
doch bin zu jung noch für die Bahre
bin ein halb vergorener Wein
ein schwerer Tisch auf einem Bein
nicht Fisch und ohne Wasserland
so halt ich gern die junge Hand
doch Jungblut achtet mich nicht mehr
hab keine Kugel im Gewehr
muß mich mit altem Fleisch begnügen
mich mit der eigenen Frau betrügen
das Alter schläft mir auf den Schläfen
ich kauf das Glück mir in den Häfen
wer nicht schön ist muß schön leben
Schönheit war mir nie gegeben

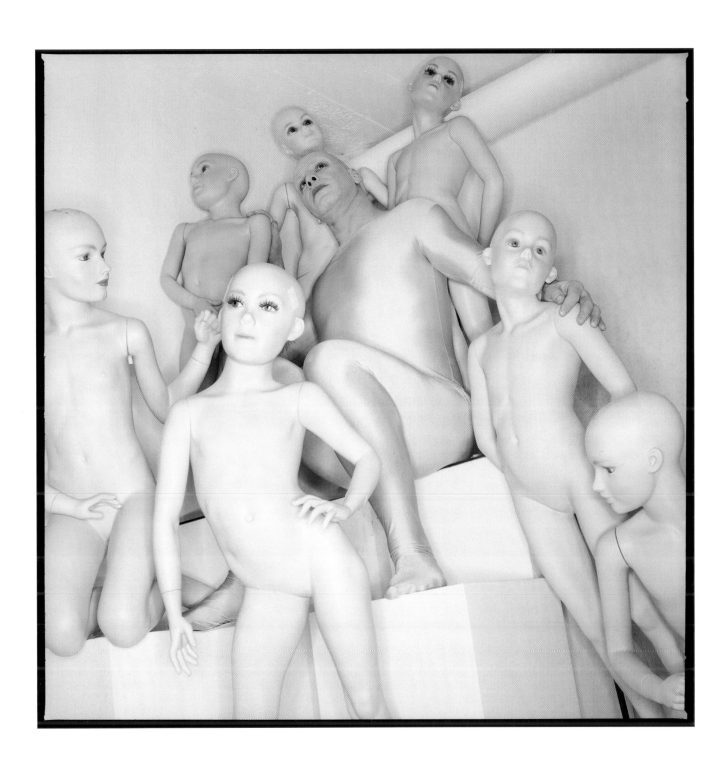

Häßlich

Oh kann denn niemand sehen
unter meinem Ungesicht
rauscht ein wunderschönes Herz
Ach weh nehmt mir die wilde Böe
vom Fleischmeer meines gierigen Geschlechts
das noch kein Schiff befahren hat
Oh Gott berühre mich
spuck deine himmlischen Kaskaden
auf mein verwunschenes Antlitz
dann werde ich für dich beten
Oh Gott mach mich schön
ich werde die Bibel ölen und die Fliegen vom Kreuze lecken
den Unrat der Dreckengel speisen
meine Seele sei dir Geschenk
für ein wenig Anmut auf meiner Fratze
damit ich sie nützen könne für die Sinneslust
zu verführen die Herrlichen
die holden Nymphen
die nur berühren ihresgleichen
gib mir das und vergib mir denn
ich will sie Alle

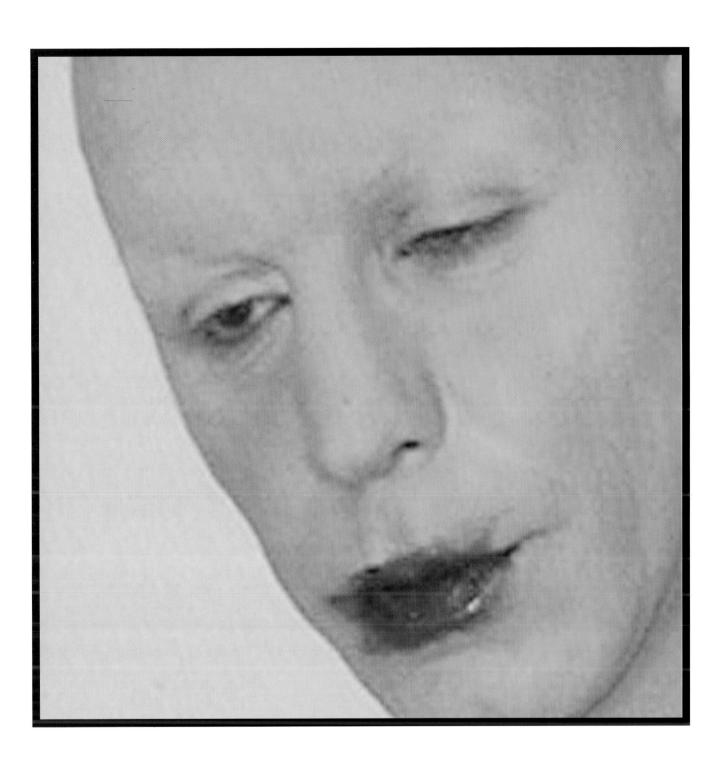

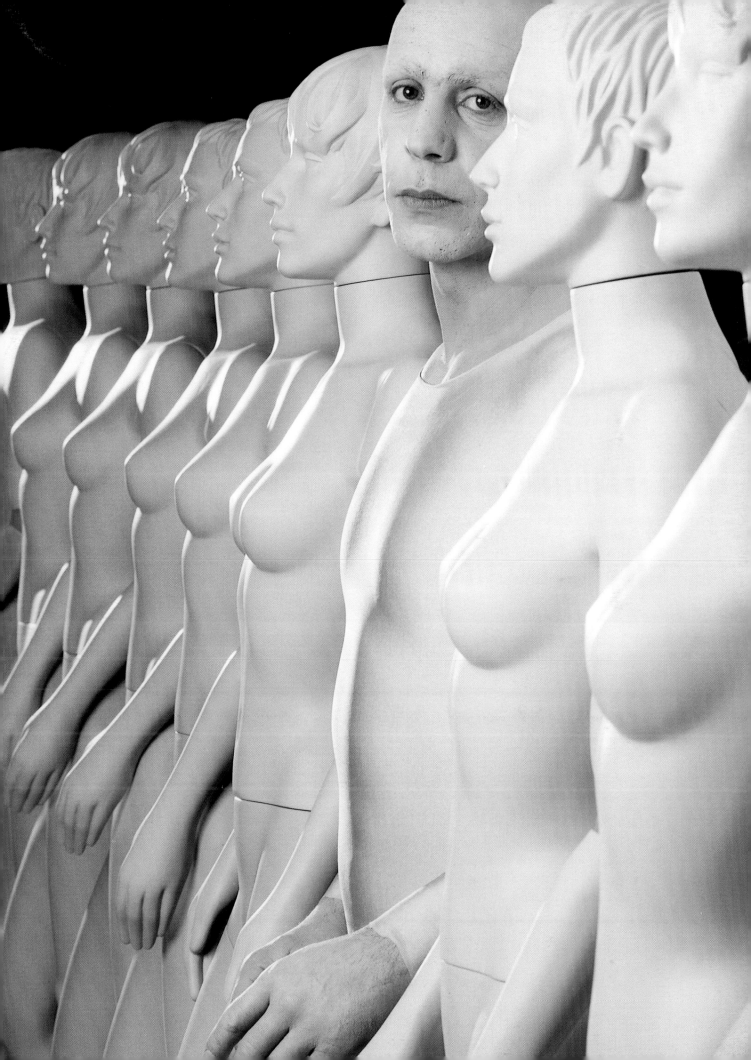

Endlich

Aus Wolkenbruch und schwerem Fieber
ein gleißend Licht wärmt mir die Stirn
daß ich euch fand ihr edlen Spender
die ihr mir das Zepter reicht

Jetzt lache ich wenns euch beliebt
und speise so ihr hungrig seid
ich trinke nur auf euer Wohl
und rede euch zum Munde

Ich bin wie ihr mich haben wollt

Bald steige ich wie eine Lerche
steige auf in hohe Felder
fette Wiesen immer grün
und übersät mit feuchten Knien

Mit großer Sichel ernte ich
und Honig fließt in alle Wege
zu stillen Hunger auch den meinen
der da auf Stelzen Früchte stiehlt

So steig ich wie eine Lerche
ein wenig Farbe und Papier
und das Fleisch rutscht aus dem Darm
ja hier kannst du alles haben

auch Mitleid für gerechte Narren

Ich fülle Magen und die Taschen
und räume euch das Hab und Sein
mit jedem Herzschlag etwas mehr
damit ich steigen kann wie eine Lerche

Endlich bereit für was mir wichtig
auch für den großen Schlaf
und bin wie ihr mich haben wollt

Ich will Meer

da war es mein bester Sommer

mit langen Regen und großen Monden

kleinen Tieren auf schwarzen Archen

und einem Mädchen

das sich Schnecken auf die fahlen Arme legte

sie hatte Angst vor dem Fall der Blätter

ein herrenloses Hündchen

unter den hohen Bäumen

lauschte dem Appell der Äste

und dem Schmerz in ihrem Milchnest

Ich rette den Krebs

aus der Brust des Mädchens

setzte ihn auf meinen Rücken

und wir entkommen der Blutflut

der Sarkom hatte die Zeit verloren

doch das Meer war uns gewogen

und er kannte die Sterne

Er legte sich zum Sterben an ein faules Ödland

und warf einen Fuchs an den Himmel

dieser dankte es mit Wetterblumen

die Wellen trugen Sand auf den Lippen

und die Sonne hielt sich die Hände vor das Gesicht

war auf dem traurigsten Platz der Welt

ich kroch auf das schmutzige Laken eines Flußbettes

es hatte die Farbe schlechter Wünsche

war rissig wie die Fußsohlen meiner Großmutter

der Gedanke an das Mädchen war kein Kissen

doch fand ich Schlaf

Aus meinen Augen fielen Kohlweißlinge
in das hohe Korn eines Tagtraumes
das Nachtkind brachte mir ein Feuer
doch der Traum sprang mir auf die Schulter
und erzählte mir von seinen Träumen
als ich ins Meer lief
es war der längste Sommer meines Lebens
ich fing die Fische in Pfützen
und brachte sie dem Mädchen
die sie entkleidete
und zu den anderen legte
die nicht im Wasser ertrunken sind
Ich will Meer

Tänzerin (2)

Das ganze Ballhaus hat nach ihr gerochen
der Duft ist mir ans Herz gekrochen
und Schwindel schob sich vor mein Hirn
hob sie der Tänzer über Stirn
doch plötzlich fiel der Tänzer hin
und sofort tot die Tänzerin
die Anmut brach wie ihr Genick
und mein kurzes Augenglück

Mädchen tot

Da liegt sie nun
steif wie ein Brett
hat keine Koffer unterm Bett
liegt so kalt am Waldesrand
gemeuchelt durch die eigene Hand
ihre Augen ohne Schein
sie wird nie wieder siebzehn sein

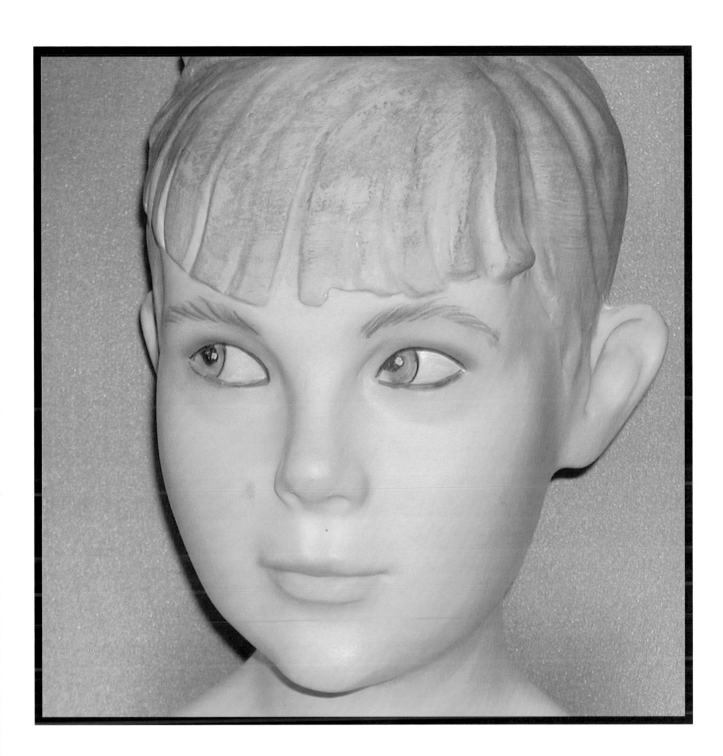

Sautod

Ich bin in Hitze schon seit Tagen
so werd ich mir ein Kahlwild jagen
und bis zum Morgen sitz ich an
damit ich Blattschuß geben kann

Eine Ricke hochbeschlagen
wird sich bald zum Setzen tragen
so muß ich auf Beschlag verzichten
kann es nicht zu Holze richten

Ein Schmaltier auf die Läufe kommt
hat sich im hohen Ried gesonnt
macht gute Fährte tief im Tann
der Spiegel glänzt ich backe an

Der Wedel zuckt wie Fingeraal
die Flinte springt vom Futteral
ich fege mir den Bast vom Horn
und geb ihr ein gestrichenes Korn

Sie spürt die Mündungsenergie
roter Schweiß tropft ihr vom Knie
ich kessel sie zum Luderplatz
und verblase dann die Hatz

Von ihrer Schnalle tropft der Schmalz
ich röhre auf die gute Balz
dann zerre ich es in die Ecke
und schlage sie aus ihrer Decke

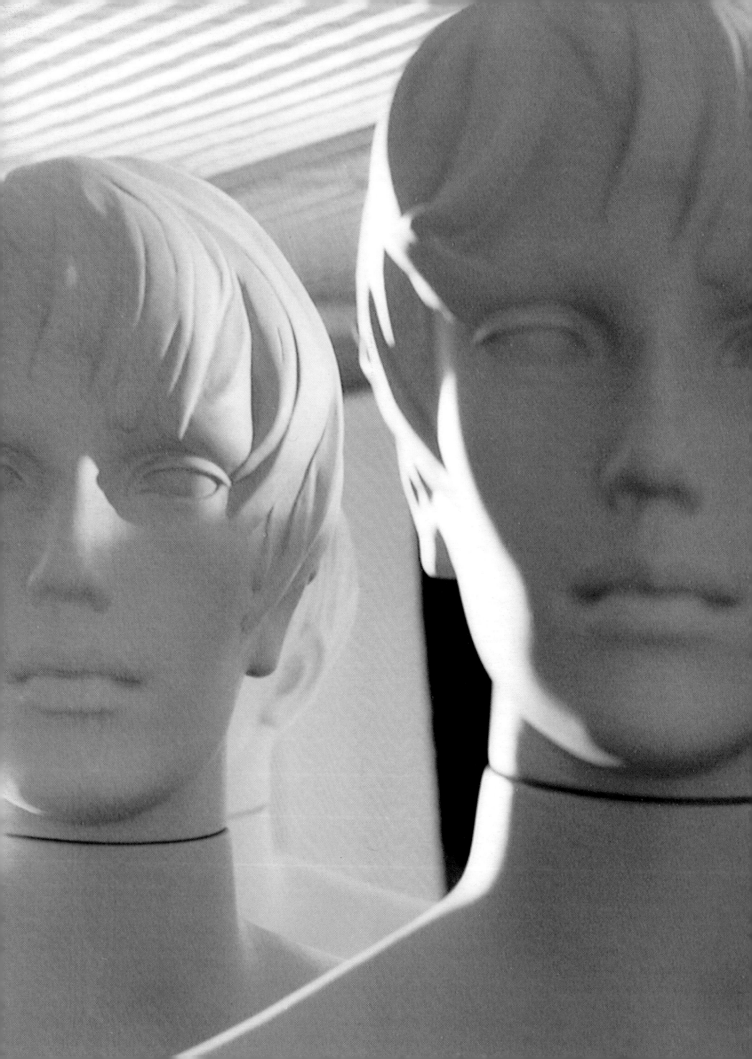

3 x Fisch

Sie verkauft Fisch
er ißt keinen Fisch
so hat er bald Katzen
er kauft jeden Tag Fisch
so kann er sie sehen
sie fängt an zu lachen als er fragt
und geht aus Mitleid mit
er hat keine Worte
bringt sie nach Hause und es fängt an zu regnen
sie erzählt von ihrem Vater
hat Nadeln im Schädel und wird nicht mehr leben
er denkt wie gut doch der Regen ist
braucht das Grabbeet seiner Frau nicht gießen

Sie verkauft Fisch
er ißt keinen Fisch
er hat Katzen
er kauft jeden Tag Fisch
so kann er sie sehen
sie sieht ihn an
er merkt es nicht
er fragt sie wird mit ihm essen
sie hat Fisch
er will den Nachtisch vor der Suppe
er bringt sie nach Hause und es fängt an zu regnen
sie erzählt von den Kindern
kann sie nicht haben
hat einen Wolf im Uterus
er denkt wie gut doch der Regen ist
kratzt die Suppe von der Zunge

Sie verkauft Fisch
von Fisch muß er kotzen
die Katzen sind tot
er kauft jeden Tag Fisch
weil sie das will
so kann sie ihn sehen
und als sie ihn fragt fängt es an zu regnen
er bringt sie nach Hause
sie erzählt von ihrem Mann
hat weiche Knochen
weich wie Gräten
es geht nicht bei ihr
sie wohnt über einer Tischlerei und einem alten Mann
die Tischlerei wäre dann gut

Der alte Mann trägt ein Brett

freundlich

schließt Licht und Tür

Ventilatoren flüstern

ein Tierchen schnarrt irgendwie

wie gut doch der Regen ist

Insekten verstecken sich

ist so eine Grille

denkt er

schließt die Augen und riecht die Holzfetzen

küsst er sie

legt seine Nase unter ihr Kinn

sie riecht nach Fisch

seine Hände die Suppe

umfassen ihr Gesäß

er kreuzt die Hände

Händeschaukel lange

sie läßt sich fallen

sie wird schwer

er kann sie nicht halten

sucht nach Halt

trägt Sorge daß er in ihr bleibt

es ist dunkel aber möglich

Umrisse einer Maschine wie Tisch

er trägt sie zum Schatten

dort zu der Grille

wirft sie auf kaltes Eisen

will in ihr Haar greifen

die Grille schreit

der alte Mann gibt das Licht und stellt die Säge ab

sie hebt seine Hand auf

gibt sie ihm

er riecht daran

riecht nach Fisch

Ich hätte Kerzen angebrannt
doch das Licht es fiel mir aus der Hand
die Flammen stiegen ungeheuer
und deine Haare fingen Feuer
ein kleines Boot im Flammenmeer
kein Land in Sicht nicht Feuerwehr

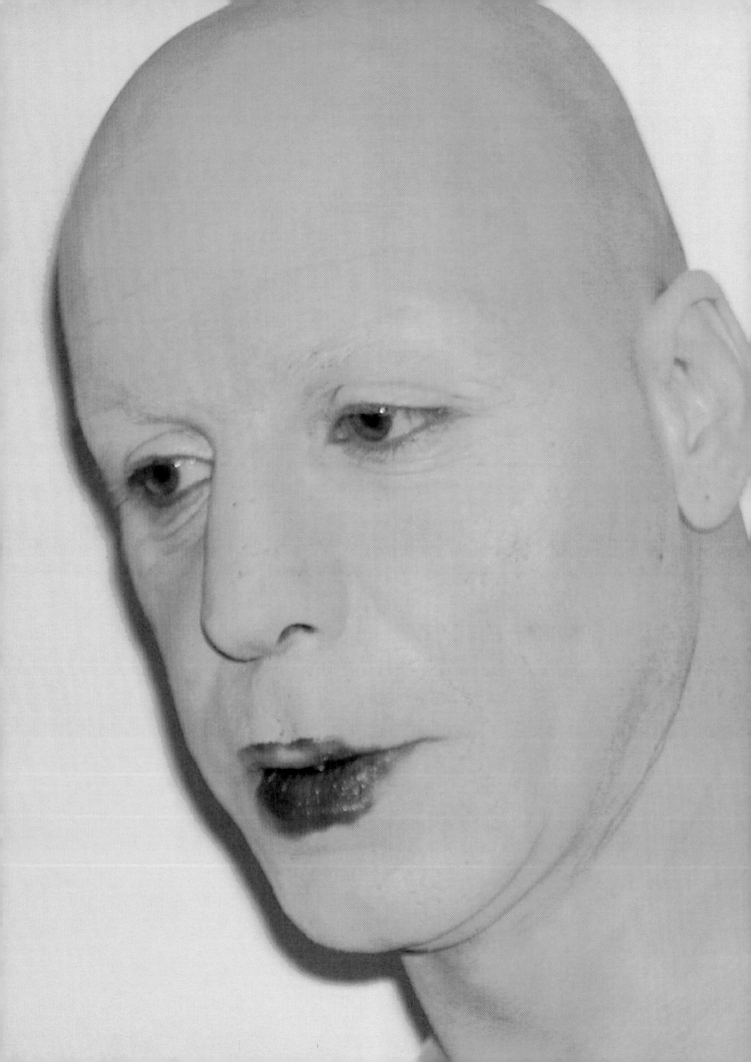

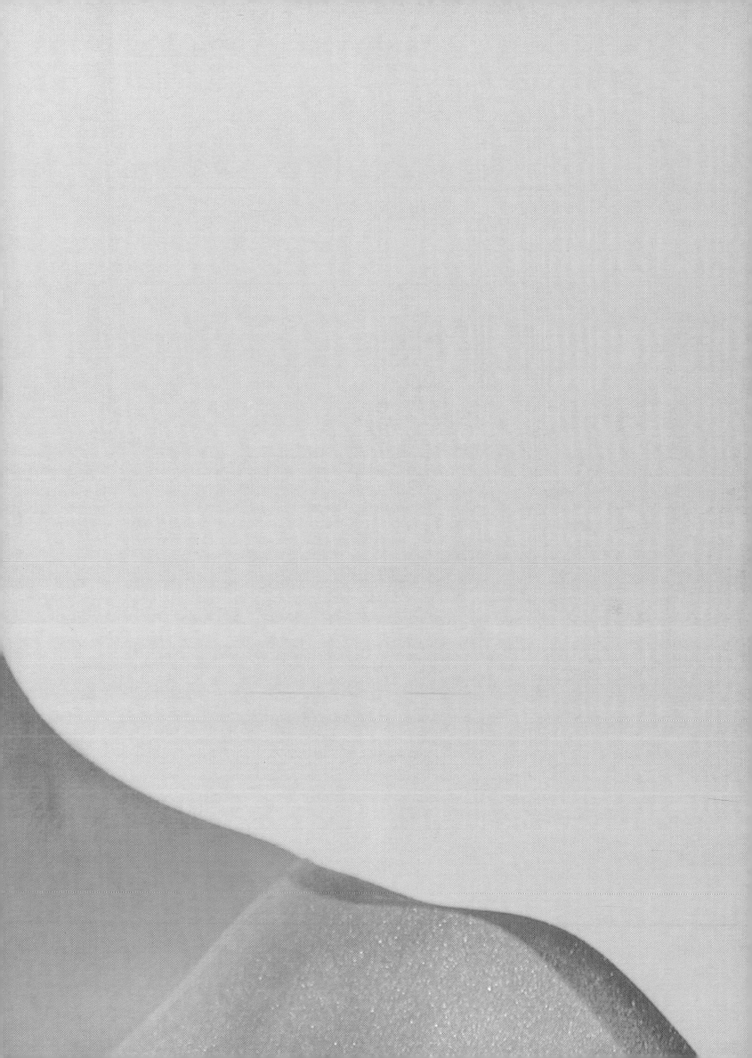

Unter Vollmond und Girlanden
ist ein Trugbild aufgestanden
springt mir aus der Schädelhaut
fällt grunzend in mein Lendenkraut
sitzt mir im Schritt
und will mich fassen
doch wird es im Gestank erblassen
so werf ich das Gespinst zu Erden
zergeht dort wohl zu tausend Scherben
muß eilig mich darüberlegen
das mit dem Mund zusammenfegen
dann spucke ich in mein Gesicht
da stirbt es mir im Augenlicht

Abgewiesen

Ihre Asche zuckt in meiner Hand
ich streu sie auf die schönen Wiesen
die Spätnachtsonne scheint so blaß
da fällt mein Samen in das Gras
vereint mit ihrem Staubgebein
ist sie nun doch für immer mein

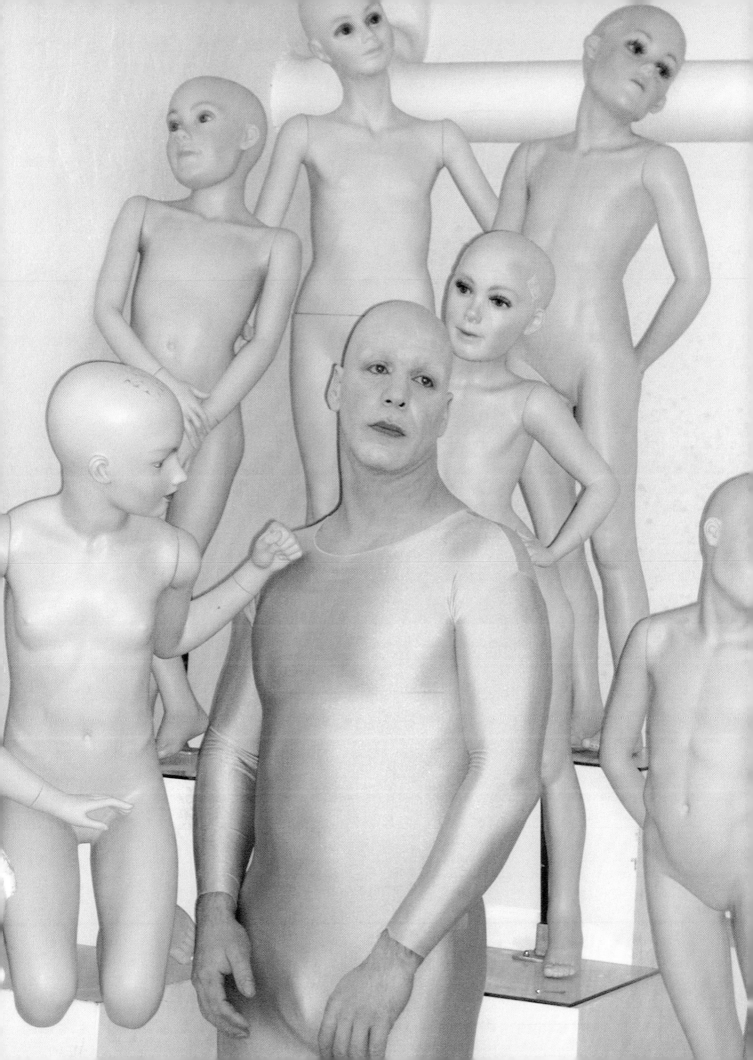

Großmutter

Ich lieg bei dir auf einem Bein
im bettgestellten Totenschrein
ewig kommst du nicht zur Ruh
ich sehe dir beim Sterben zu
doch schüttelt mich die Langeweil
ich fessel dich mit Wäscheseil
bis in den Tod soll ich dich lieben
muß erst das Fett nach oben schieben
dann leg ich mich auf deine Haut
ich bin im Takt das Bett ruft laut
bald stopfe ich das Schoßgesicht
mit einer Handvoll Falten dicht
Steiß und Rücken reiben wund
und etwas fällt dir aus dem Mund
ewig kommst du nicht zur Ruh
ich näh dir Mund und Augen zu
die Nase die vom Atmen trocken
schließt eine Klammer für die Socken
du hast gar nichts zu vererben
da sollst du etwas schneller sterben
dein Herz schlägt schwach
mein Herz schlägt laut
das Leben springt dir von der Haut
so will ich bis zum Leichenstein
dein lieber braver Enkel sein

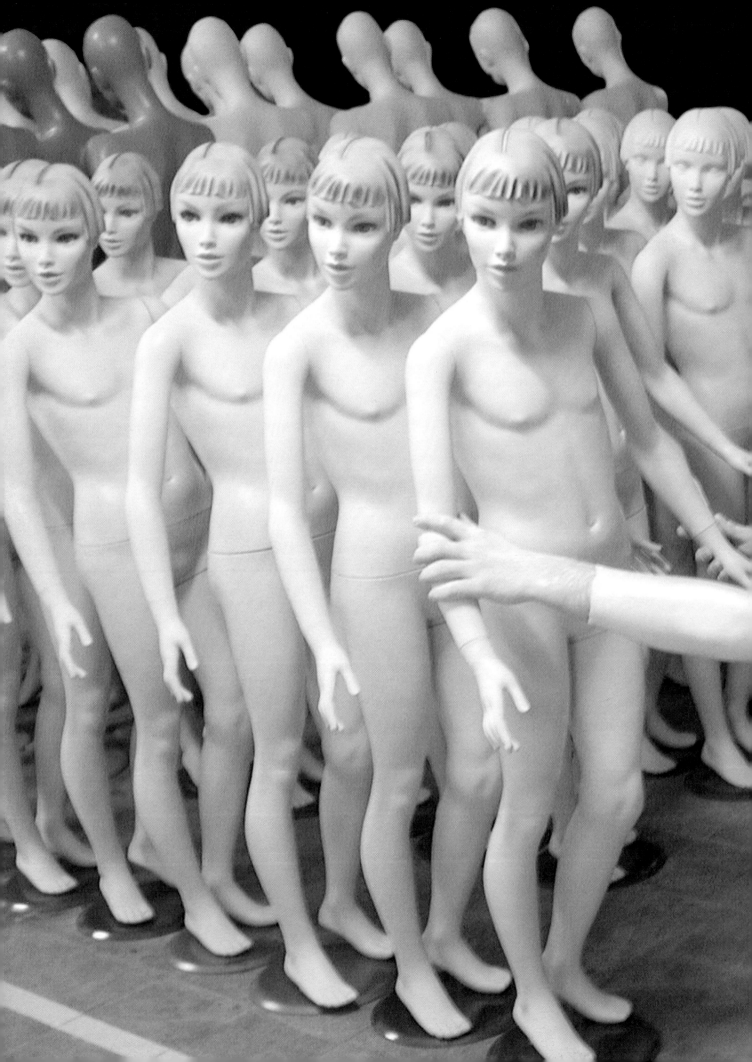

Guten Morgen

Er stieg aus dem Bett
ging in den Badeort
sah sehr lange in den Spiegel
dann schnitt er sich auf
und legte sich unter einen Tisch zum Sterben

Er sei sagte das Mädchen
viel zu alt für sie

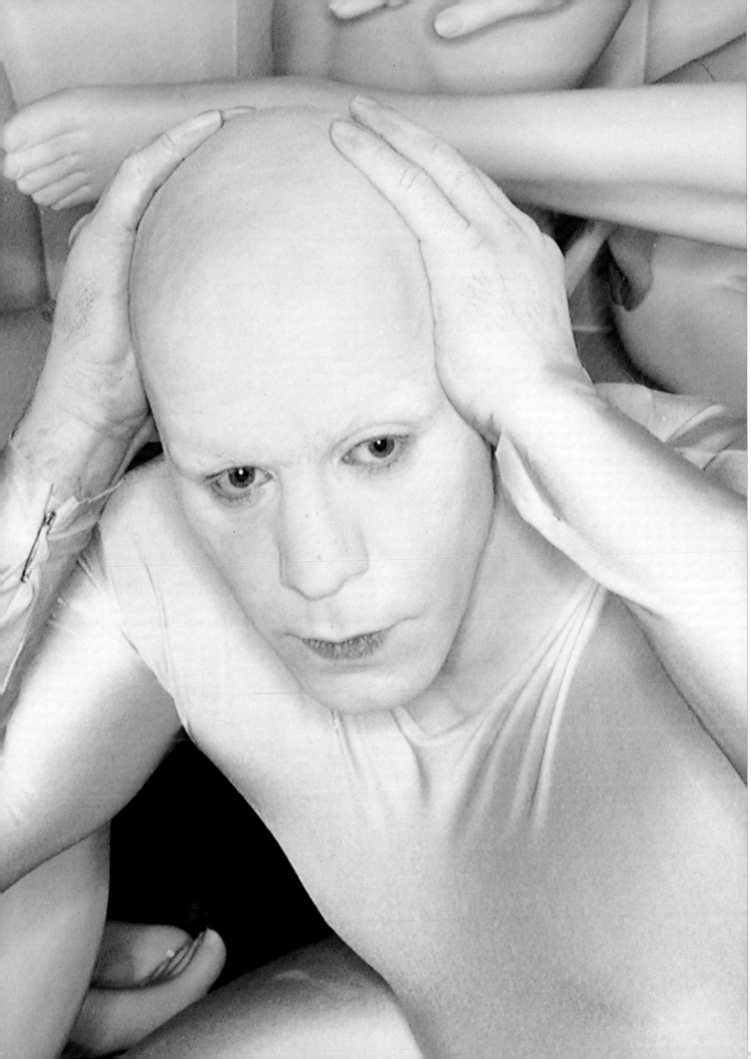

So hat das Kind in Not gelogen
sie brachen ihm die Knie zu Stücken
die Zunge vom Gefräß gezogen
wollen die vom Gaumen pflücken
aus dem Speiseloch gezogen
und um den Rückenstock gebogen
der Wörtermuskel wird versteckt
mit Haut am Achterleib bedeckt

Das kleine Mädchen an den Krücken
trägt einen Knoten auf dem Rücken
blüht rosa wie ein Mandelbaum
die Nachhaut wirft noch Silbenschaum
da müssen sie den Sprachwurz quälen
die Stimme von den Bändern stehlen
um die Wortkunst so betrogen
hat das Kind nicht mehr gelogen
es wird sich mit den bleichen Händen
selber würgen und beenden

Fernweh

Eine Handvoll Sägespäne
und eine Krähe auf dem Dach
hab mich selber ausgegraben
übrig bleibt ein tiefes Loch

Eine Handvoll Rosenblätter
regnen in das tiefe Loch
singen dort ach komm doch wieder
meine Ankunft ist gar prächtig

Eine Horde wilder Affen
betet einen Rosenkranz
ich zieh das Messer aus der Scheide
da frißt mich eine fette Ratte

Mit einem Raben auf der Schulter
singend aus dem Schoß der Ratte
mach deiner Angst die Flanken zitternd
und fresse ihre Därme

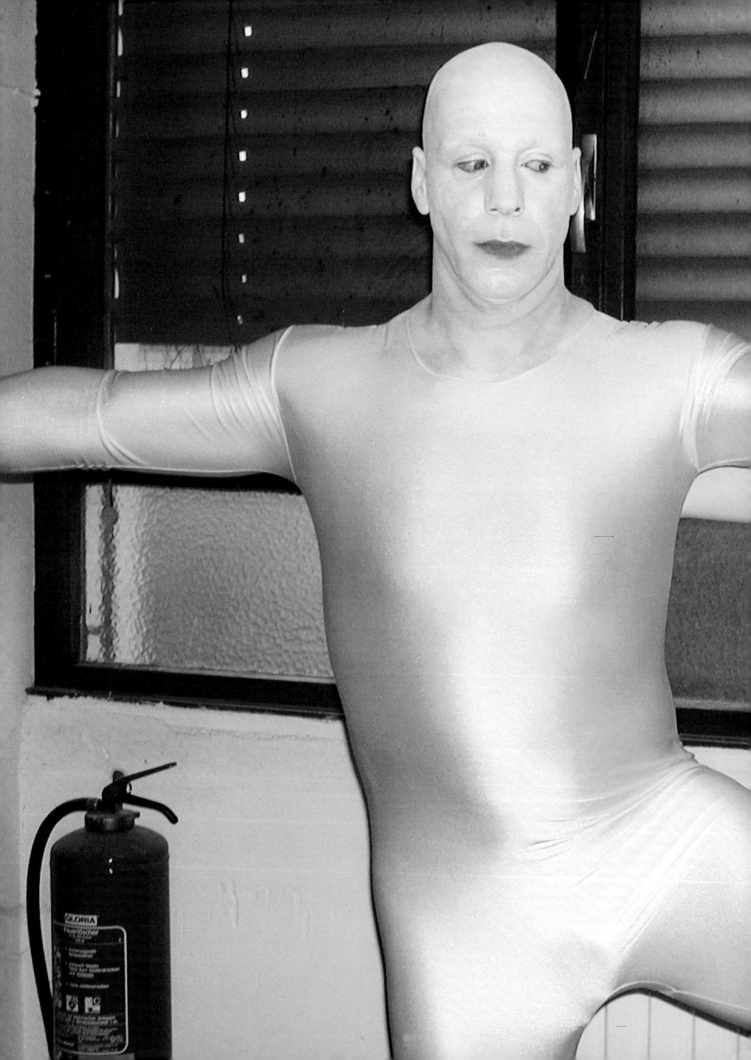

Nele

Tu das nicht
faß das nicht an
weil man sich verbrennen kann
tu das nicht
ach laß es sein
es tut weh und du wirst weinen

Man ißt von Speisen
die verdarben
und achtet Schimmel nicht
und nicht Gestank
und leckt das Feuer aus geplatzten Narben
und weiß am Ende man ist krank
paß bloß auf
Oh tu es nicht
ach laß das sein
meine Angst um dich so groß
gesalbt in Worte wirkt sie klein
doch der Rost auf meinem Balg
soll dir Gold und Silber sein

Mein Kind daß dir kein Leid geschieht
ich würde Scheiße fressen
ich würde Eiter saufen
würd mir den Arsch versilbern lassen
dir von dem Silber Puppen kaufen
paß bloß auf
tu das nicht
oh laß das sein
mußt nicht frieren um zu spüren
die Krankheit kommt von ganz allein
nur Götter dürfen dich berühren
und auch dann werde ich bei dir sein
dann werd ich bei dir sein
werde bei dir sein

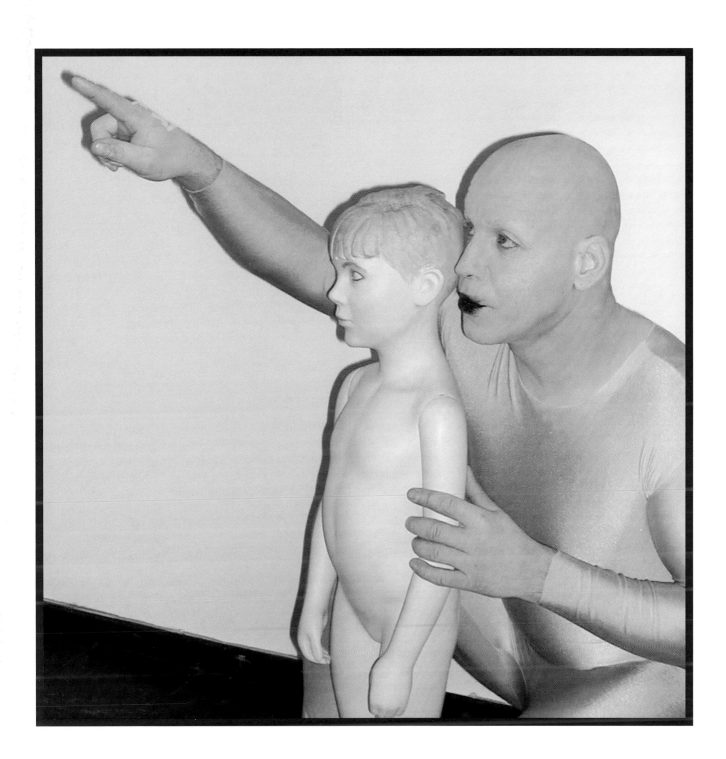

Nele (2)

Liebes Kind laß mich nicht weinen
vergebe meinem schwachen Hirn
es wollte nicht am Herzen sein
wäre gern jetzt bei den Meinen
und küßte deine junge Stirn
ist meine Lieb dir immer rein
ich hab den Fisch im Bach befragt
die Blumen auf den Wiesenrängen
die Vögel und das Käfertier
alle haben zugesagt
wir steigen auf und werden dir
tausend Kerzen an den Himmel hängen
so kann dein Leben finster sein
mußt nur die schönen Augen schließen
dann denk ich deiner und die Nacht
weicht einem warmen hellen Schein

Pappel

Hab bedacht so bleibt es auch
ich durfte deine Blätter lecken
auf deiner Haut zum Zeitvertreib
so viele Falten zum Verstecken

Wie Blut ins Meer der Sommerwind
dein Lachen in den Himmel schickte
hab nicht geahnt daß ich zur Stund
dem Unheil in die Augen blickte

So weckte es die Donner auf
und wir wußten um die Zeichen
da reiten sie mit wildem Haar
und Bärten die zur Erde reichen

Aus ihrer Mitte sprang ein Blitz
derselbe dich schon zweimal traf
stieß dir die Zunge in den Schoß
so daß er auseinanderbrach

Ach hätt ich eine Axt gehabt
wir wären ihnen leicht entkommen
geopfert hast du dich für mich
ich weiß sie hätten mich genommen

Die Trauer tobt wie ein Idiot
ich höre sie in den Wäldern schreien
ach was soll ich ohne dich
es wird nie wieder Sommer sein

Ich hab gedacht so bleibt es auch
immer deine Blätter lecken
hab gedacht so wird es immer sein
so viele Falten zum Verstecken

Mißfall

Wenn sich die Warzenhöfe röten
wird sich etwas in ihr töten
ein halbes Tier ertrinkt am Darm
liegt jetzt blaugebrannt im Arm
der Abort wird ihr entrissen
den Vater nur die Brüder wissen
der Wurf am ganzen Leib behaart
wird zum Hundehof gekarrt

Das kranke Weib weint in die Nacht
das dritte tot zur Welt gebracht
war schon verdorben als sie schrie
und fiel leblos unters Knie
fand seinen Himmel unter Aas
ein kurzes Glück als Tölenfraß
ein krankes Weib schreit in die Nacht
den Bruder tot zur Welt gebracht

Absicht?

Ich habe ein Gewehr
ich habe es geladen
ein Knall
du hast kein Köpfchen mehr
das seh ich durch die Schwaden

Sie klopfen an die Tür
nun werden sie mich fangen
ich kann doch nichts dafür
ist einfach losgegangen

Da saß es

ein Vieh im kalten Sand
alles starb der Tod lag im Sterben
wollte mitsterben einmal Mond auf Wasser sehen
selber töten ein wenig
die Kinder des Neptun kochen
rief das Nachtlicht
der Mond stieg herab so hielt es ihm Mund und Nase zu
sein Gesicht war scheußlich
anzusehen

Da saß es
das Vieh mit dem weißen Rücken
es bewachte das Wasser
bekam Haare und eine Aussicht
der Sand war alt
es durfte bei ihm liegen
wach und bewachte
wartete auf den Augenschlag des Leuchtturms
baute Gärten
manchmal gab es Kinderfinger
sie hingen an den Schwänzen ertränkter Katzen
und wollten nicht gestohlen werden
es band sie zu Wäldern schreien im Papier
und schrieb sich auf
für eine halbe Schwester

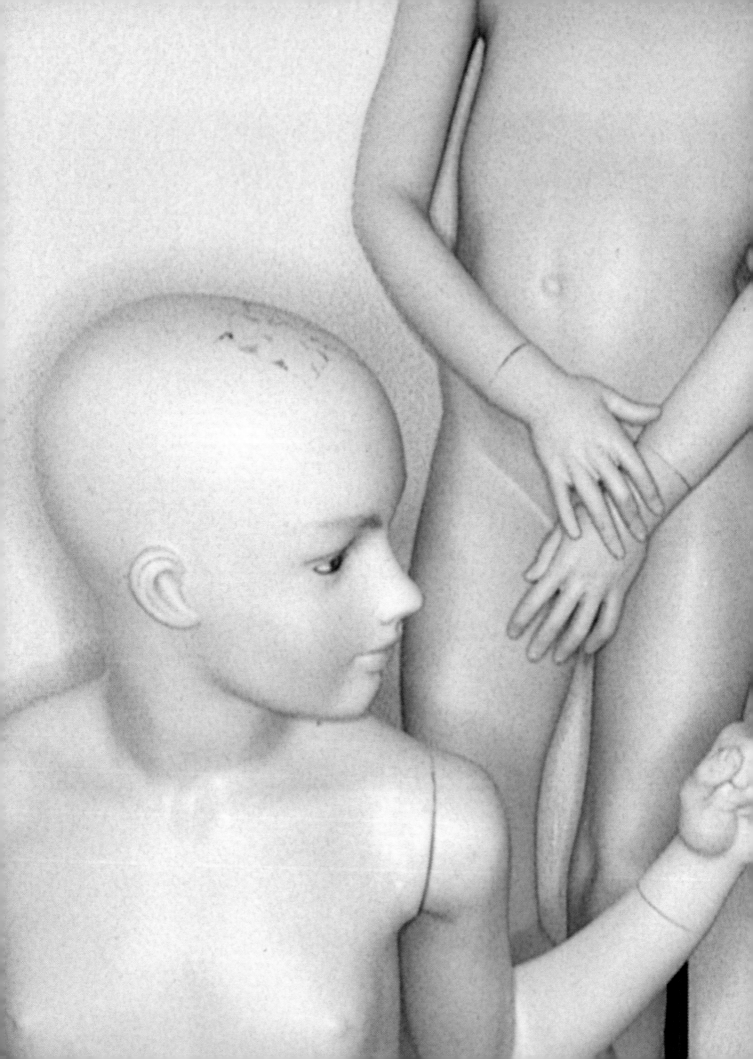

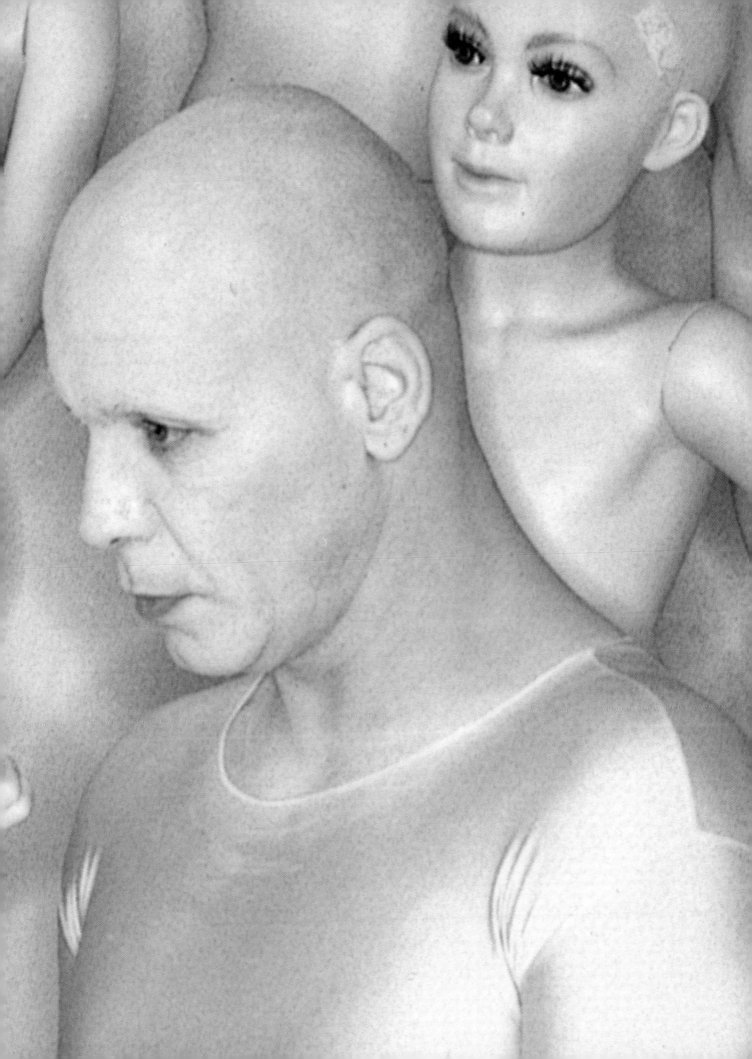

Tänzerin

Ich sah die schöne Tänzerin
wo der Mistral ins Hüftfleisch weht
sie hatte Beine bis zum Kinn
Altar für jedes Nachtgebet

Die Hüften schwer und ohne Grieben
der Hintern prall gleich einem Schimmel
sie konnt ihn in die Höhe schieben
dann küßte er den grauen Himmel

Sie brach sich ihren Hals entzwei
und mein Herz in tausend Krumen
ihr letzter Seufzer ein Verzeih
roch wie ein Wald von Gartenblumen

Diesem Forst in Reih und Glied
entstieg ein Heer von Vögelein
schmatzen ihr ein letztes Lied
mein Herz wurd Fraß am Leichenstein

Ihre Glieder bald blaßblau
doch atmet scheu der Sonnenschein
solang die schweren Hüften lau
könnt ich auch lieben ihr Gebein

Bäume

Was treibt uns unter wilde Bäume
der Schmerz wohnt unter Eichen
stell dich nicht auf seine Träume
wird leise aus dem Wurzholz schleichen

Ein Krüppel liegt am Weidenbaum
gebrochen beide Bein
das Bächlein schmollt in rostig Schaum
wollt seine kalte Freundin sein

Der Axtmann liegt am Birkenbaum
gebrochen beide Bein
war zu schön ihn umzuhaun
schlug sich selbst das Eisen ein

Im Erlholz liegt ein Findelkind
gebrochen beide Bein
ein Bäumchen fiel in schwerem Wind
da blieb es lange nicht allein

Unter einer alten Linde
liegt die Liebste mein
ein Herz steht auf der Sommerrinde
sie schlief nur langsam ein

Was treibt uns nur zu wilden Bäumen
dem Vogel kann man feldwärts lauschen
aber in verlaubten Räumen
die Engel mit den Flügeln rauschen

Fausthaus

Jede Nacht zur selben Stund
streift ein Knabe meinen Traum
hält mir sein Pferdchen vor den Mund
ich führ es liebevoll am Zaum

Das Tier gar prächtig im Geblüt
ist seinem Herren gleich von Adel
hat Stamm im edelsten Gestüt
ja die Dressur frißt jeden Tadel

Der Jüngling wirft mein Lob aufs Bett
schämt leise Mißgunst in die Ecken
wirft seine Sterne aus dem Etikett
und schlägt sie in den schönen Schecken

Das Pferdlein bäumt sich vor mir auf
der Jüngling will sich weiter schämen
Maulschaum tropft vom Vorderlauf
ich sitze auf und kann es zähmen

In seinen Flanken schläft der März
und seine Mähne lockt verwirrt
zeigt mir den Platz in meinem Herz
an den sich keine Frau verirrt

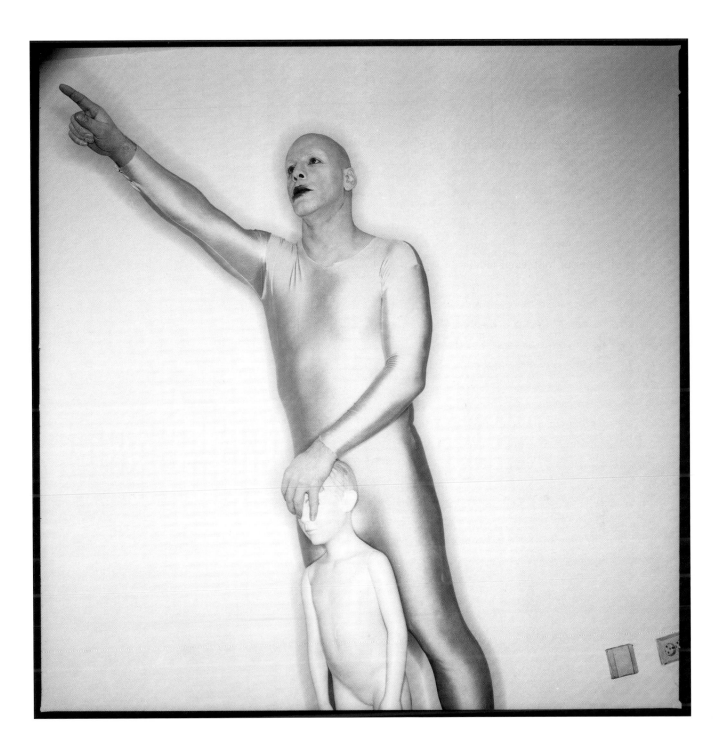

Ich legte meine Angst in Ketten und gab ihr den Brief
sie lächelte so ein bißchen
die Zähne konnte ich sehen
ein blühender Kirschbaum und so ging sie
die Tage fielen wie Sternschnuppen
ich sah in die Nacht
küßte in meine Augen
und sah nicht eine
sie stand mit anderen Mädchen
ein Kirschbaum bei Frucht
ich war in Fieber und trieb mit Feuer die Stare aus den Blättern
da sprang sie auf meine Hand und sang so schön ein grausig Lied
den Brief will ich nicht lesen
dein Kamerad hat ein Gesicht ein schönes
so will ich mich ihm versprechen
ich verlor das Licht
meine Mutter nahm mir das Tuch von den Augen
Schönheit ist für uns nicht bestimmt

Und kämmte sich den Rost aus den Haaren
ihre Anteilnahme hatte Anker geworfen
es wurde wieder dunkel
ein Zwerg erschien und sprach in Versen

Dein Leid kann ich betreuen
auch ich wurd einer Liebe Narr
doch bitter sollte sie es reuen
will sich nicht mehr richtig freuen
du mußt die Pein im Feuer waschen
dann steigen Engel aus den Aschen

Ich ging zum Spiegel
dann erschlug ich meinen Freund
steckte ihr die Finger in die Augen wartete drei Jahre
und gab ihr den Brief
sie lächelte so ein bißchen
tastete meinen Arm
sprang auf meine Hand und flüsterte in meine Augen
lies ihn mir noch einmal vor

Tot singt

Leise leise werd ich reiben
mein Diadem auf deinen Poren
will meinen Schwanz in Scheiben schneiden
gezogen auf ein dünnes Holz
ihn langsam in dein Arschloch bohren
leise leise schält ein Geier
Hodenhaut aus seinen Fängen
kann jetzt deine fetten Eier
an meine toten Ohren hängen
leise leise kalter Frucht
die Nippel von den Titten reißen
dann werd ich dir mit voller Wucht
mitten in die Fresse scheißen
leise leise heult das Kind
Muttis Urne bleibt nicht leer
wenn sie doch gestorben sind
dann leben sie auch heut nicht mehr

Mein gutes Schiff

auf großer Fahrt
hat sich mit Untergang gepaart
der Zufall will den Wind in Ruhe
so treibt es auf den Mahlstrom zu
das Schicksal darf es noch nicht kentern
der Schrecken soll es heimlich entern
die Ankertaue sind zerrissen
die Takelage längst zerschlissen
die Läuse selbst die Ratten gingen
die Mannen sich am Mast erhingen
oder sprangen über Bord
ich werf die letzte Hoffnung fort
hab keine Klinge mich zu schneiden
ich könnt in flachen Schmerzen scheiden
doch das Schiksal läßt sich Zeit
und keine Insel weit und breit
bis ich bald auf Packeis stehe
und elend dort zugrunde gehe

Der Tod

ist ein König
mächtig und
allmächtig
mit Königin
doch ohne Garde
und zwischen seinen Beinen
pendelt eine Hellebarde
weiß nicht wohin er will
links   rechts
das Pendel gibt die Richtung an
weil er sich nicht entscheiden kann

Mein Herz ist ein Soldat
marschiert im Takt zur eignen Trommel
und küßt den Sturm
in seiner Majestät
der Königin
Land unter war das Königreich
die Krone seiner Hoheit kahl
der König flüstert in den Stahl
Pendel gib die Richtung an
links   rechts
weil ich mich nicht entscheiden kann

Der Tod ist ein König
mächtig
und allmächtig
das Grimmen in ihm trächtig
wirft bald die Jungen in die Zeit
mein Herz in Schrecken stehenbleibt
der Soldat steht wie ein Turm
mit großen Händen holt der Sturm
die Königin
links   rechts
niemand weiß wann das begann
das Pendel gibt die Richtung an

Sucht

Sie hat mich noch nie belogen
ich weiß daß sie mich nie verläßt
sie hat ein Netz um mich gewoben
hält mich mit tausend Armen fest

Sie kam als mir die Stimme brach
ihre Wiege meine Hand
ich schlafe abends mit ihr ein
sie ist nicht mit mir verwandt

Sie schüttelt mich und läßt mich frieren
kennt kein Mitleid kein Erbarmen
vergleiche sie mit nassen Tieren
doch meine Sucht hat keinen Namen

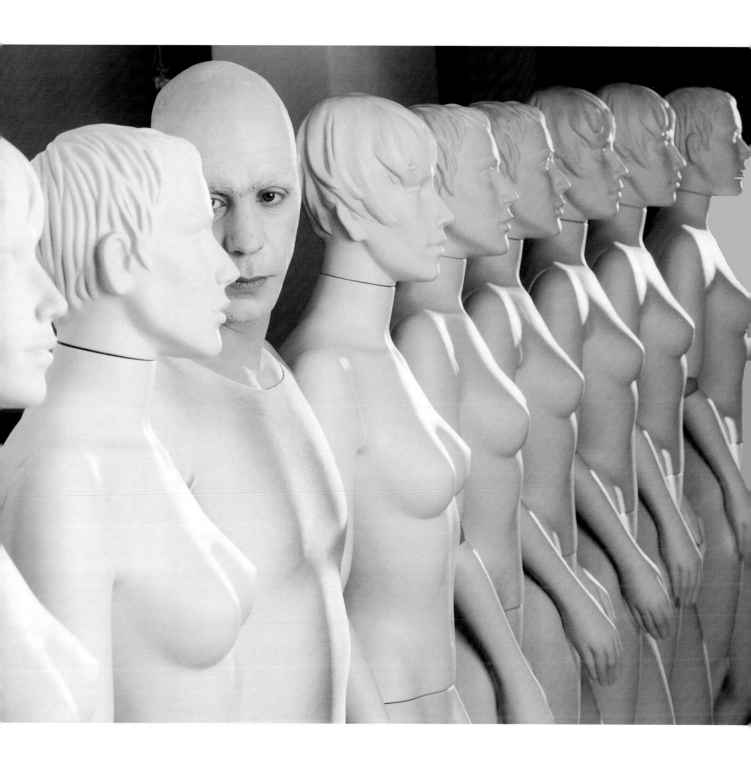

Komm ich koch dir eine Suppe
aus Wünschen einer Sternenschnuppe
aus Küssen und aus Schenkelschweiß
aus den Tränen unterm Steiß
ich krümm dir jedes Häärchen
werf meinen Anker in dein Meerchen
und tief in meinem Seelenschrein
kerker ich dein Bildnis ein
will es in mein Herzen zerren
es tief in meinen Körper sperren

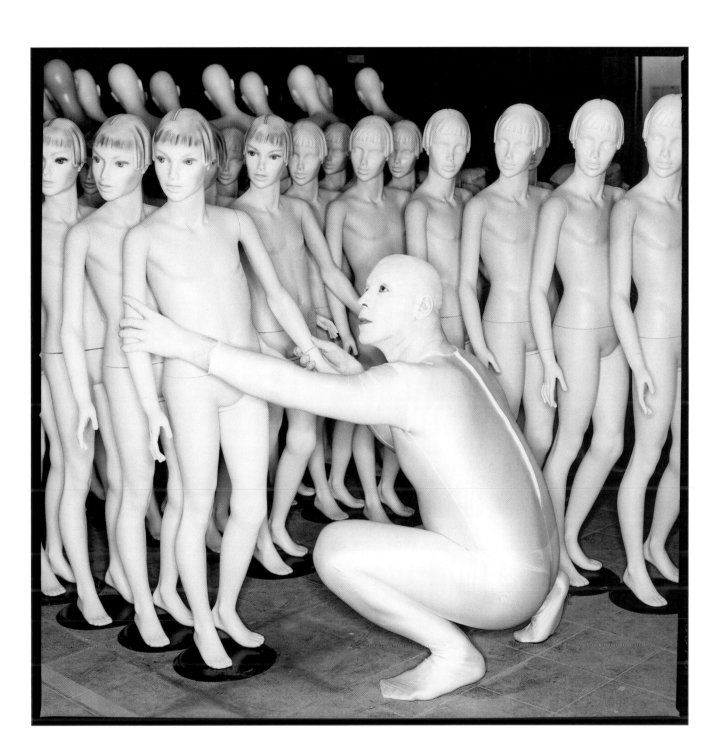

Bald

wird die Sonne untergehen
ich werd vor deinem Fenster stehen
ich hör den Vogel in mir singen
der Abend wird mir Gutes bringen

Du kaltes Fleisch komm zu mir
komm hierher du kühles Tier
bleibe blutleer nur zum Schein
ich schieß dir Feuer ins Gebein

Lebe langsam doch stirb schnell
draußen wird es langsam hell
ich knote meine steifen Venen
um deine eingeeisten Sehnen

Das tut dir gut das macht dir Spaß
das Fleisch wird heiß das Lager naß
der Vogel eingeölt und blaß
legt sich wärmend in dein Gras

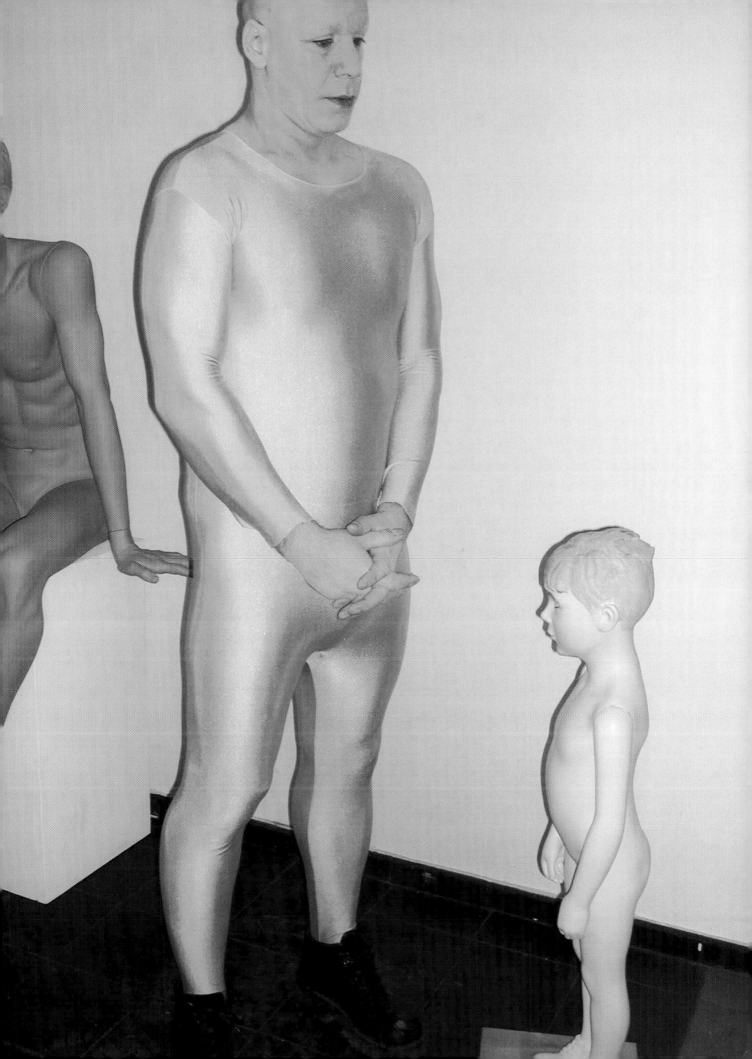

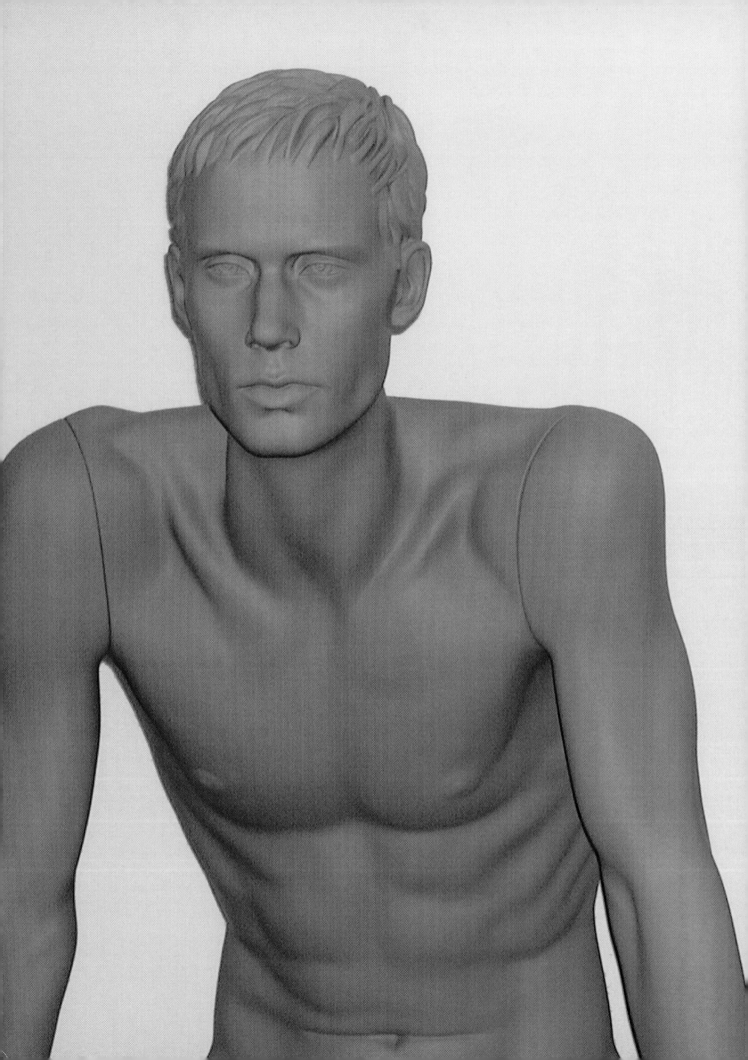

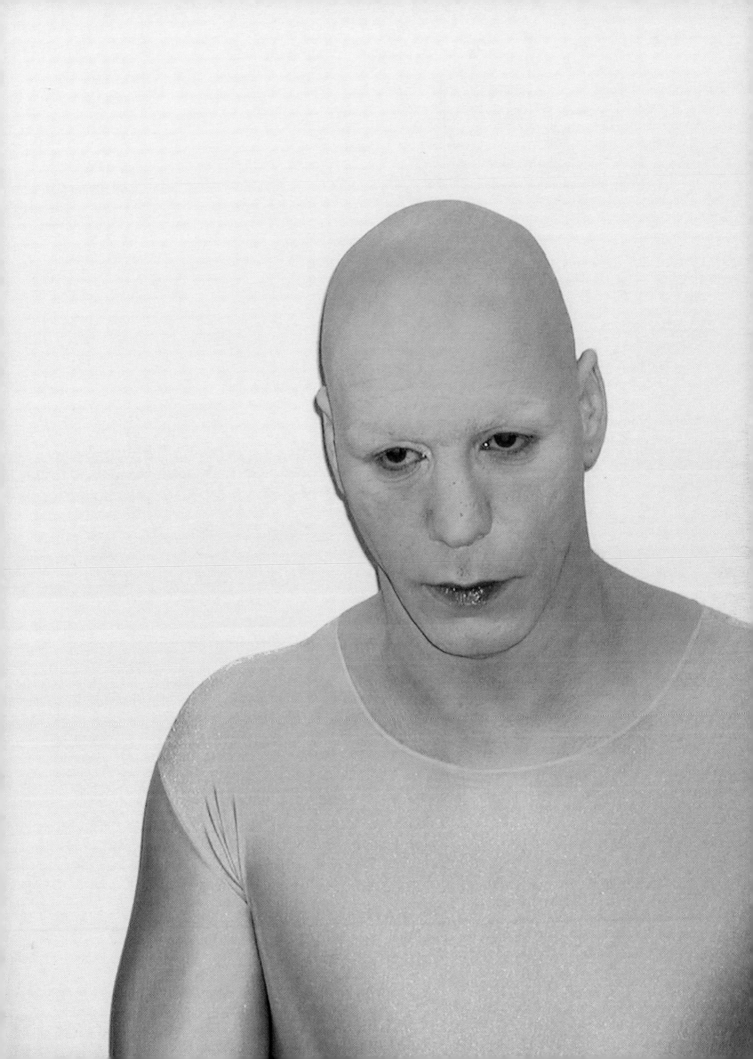

Die Muse
schläft nur so an mir
und läßt sich böse bitten
will nur küssen
ich muß körpern will sie bohren
liegt sie jede Nacht im Kleid
mit ihren viel zu kleinen Titten
will ein Kind von mir
ohne sich zu paaren
es schläft im Wort
sagt sie
sagt sie schon seit Jahren

Das Kind
schwimmt schon in meinen Leisten
sie läßt es nicht gewähren
hat Angst vor Milch und Kaiserschnitt
und Dammriß
will muttern ohne zu gebären

Die Muse liegt im Hochzeitskleid
Perückenpuder fällt ihr in die Augen
ich habe mich und Lust verloren
das Kind verläuft sich in der Hüfte
will sehr wohl am Leben sein
wird an meinen Leisten saugen
nichts wächst mehr
fällt mir aus dem Harngesicht
schmerzvoll wie ein Nierenstein

Abtrieb

Ganz in Weiß
und unter kalte Sonnen
legst du dich
zu grüßen unter Tränen
was längst Abschied nahm
noch vor dem Schrei

Die Beine
gleich Fanfaren
in den Himmel zeigen
weiß es längst wo vorne ist
weil kalte Zangen
im Galopp
und wie die Diebe
sich es holen

So singst du
unter Krämpfen
ihm dein Lebewohl
und Immerdasein
wenn es den kleinen Koffer
mit den rosa Käfern nimmt
geht dann zu den anderen
die da mit Fliegen spielen
dort wo die Sonne
viel viel heißer brennt

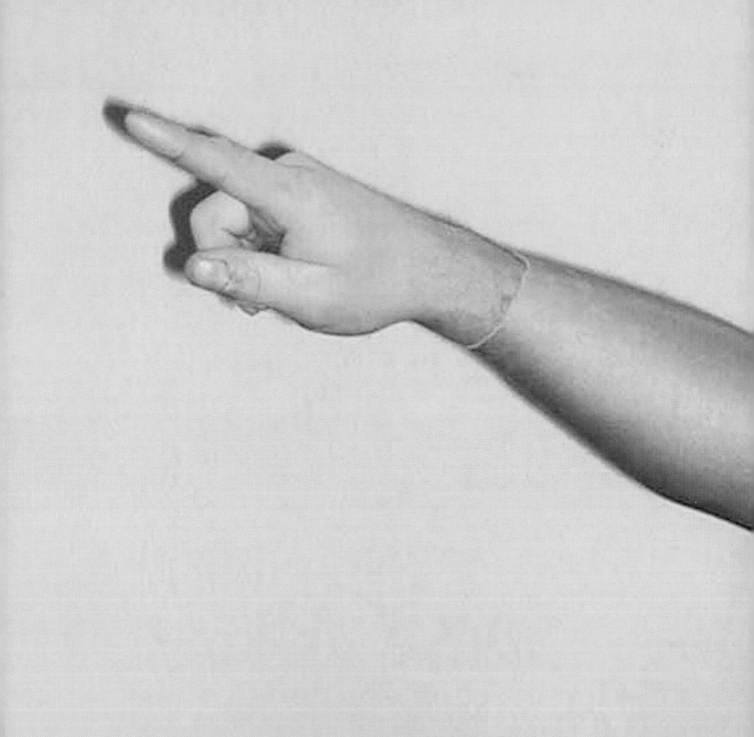

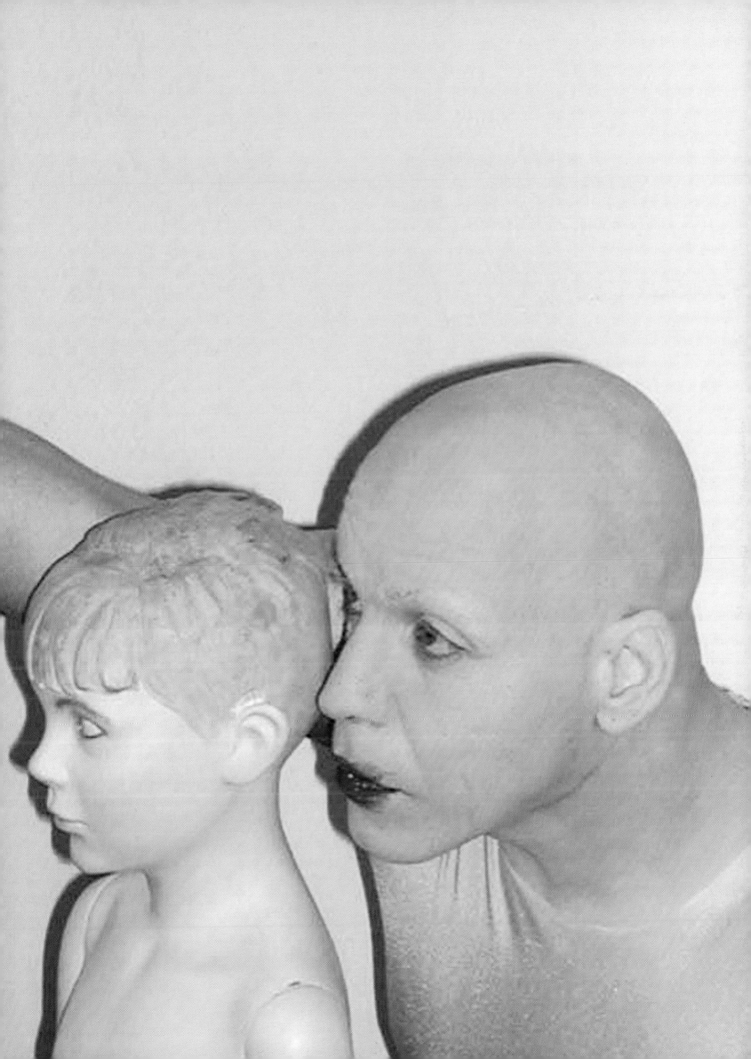

Big in Japan

Dies ist die traurige Geschicht,
von einem Mann der vor Gericht
steht, weil er unterm Lodenmantel
versteckte eine Hodenhantel
diese diente ihm zu Zwecken
kleine Kinder zu erschrecken
so stieg er vor den Kindergarten
die Rangen auf den Fremden starrten
er öffnete den Mantel weit
zu zeigen seine Fertigkeit
die Mädchen lachten ihm zur Schmach
da legte er drei Kilo nach
so schwer war das Gewicht noch nie
der Sack riß ab
der Künstler schrie

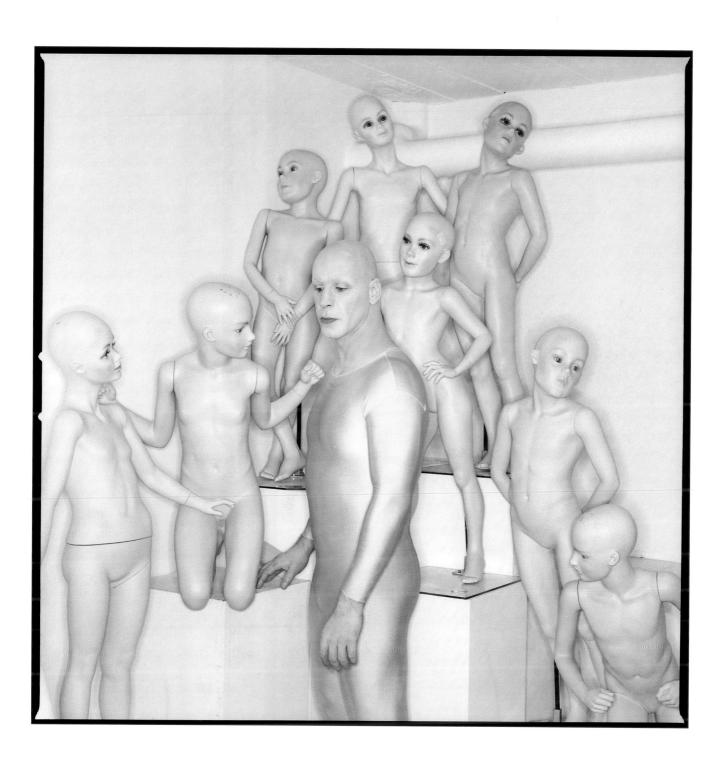

Für Conrad Ferdinand Meyer

Zitternd las ich das Gedicht
der Dichter ist tot
laut ruf ich seinen Namen
und hatte Brunnen im Gesicht

Es ist zu kostbar für Papier
was da gefangen stand auf gilbem Grund
trieb mir das Wasser aus den Knochen
ein Manifest der Sinnengier

Gern würd ich seinen Schatten betten
ihn belauschen wenn er spricht
befreien ihn vom untot sein
und meine eigne Seele retten

Der Dichter ist tot doch
las ich jede Zeile
trieb mir den wortgeglühten Keil
in mein gerahmtes Seelenheil

Ach hätte Muse mir verraten
wie man solche Worte fängt
ich wär gereist durch alle Himmel
und hätte Sonnen aufgehängt

Aberglaube

Aus meinem Auge fällt ein Haar
ich wünsch mir was
sie wäre tot
und nicht mehr da

Fütter mich

Gib mir Namen so von Tieren
ich heb das Bein zum Urinieren
der Hund
schlägt den scharfen Zahn
ins rosa Schwein aus Marzipan
füttert sich mit heißem Fett
zerreißt dabei die schwere Kette
würden Sie ihn Gassi führen
die Rute mit dem Mund berühren?
fängt schon wieder an zu bellen
mußt sie mir zur Verfügung stellen
die behaarten Schenkelkissen
mit den Pfoten aufgerissen
bin ich ganz in sie gekrochen
freß alles auf mit Fell und Knochen

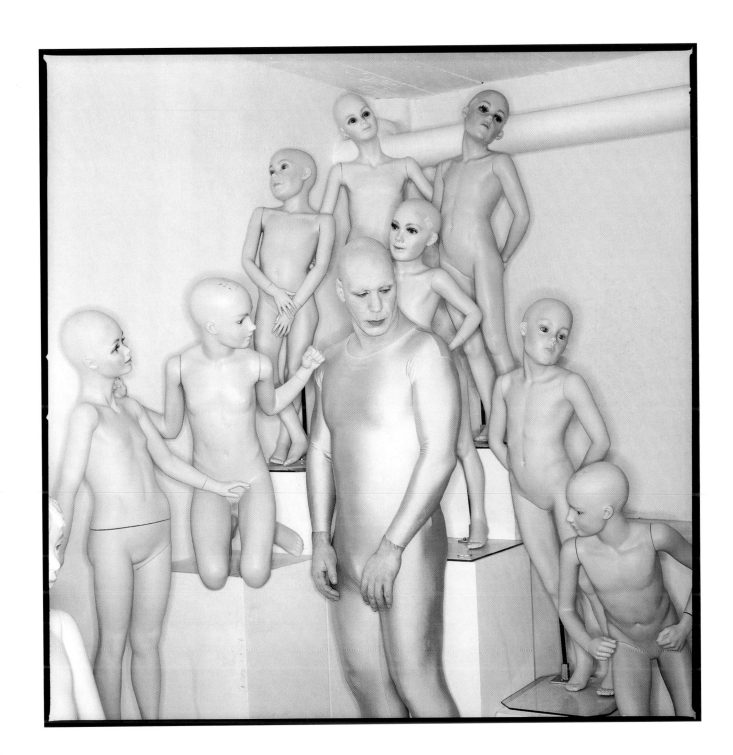

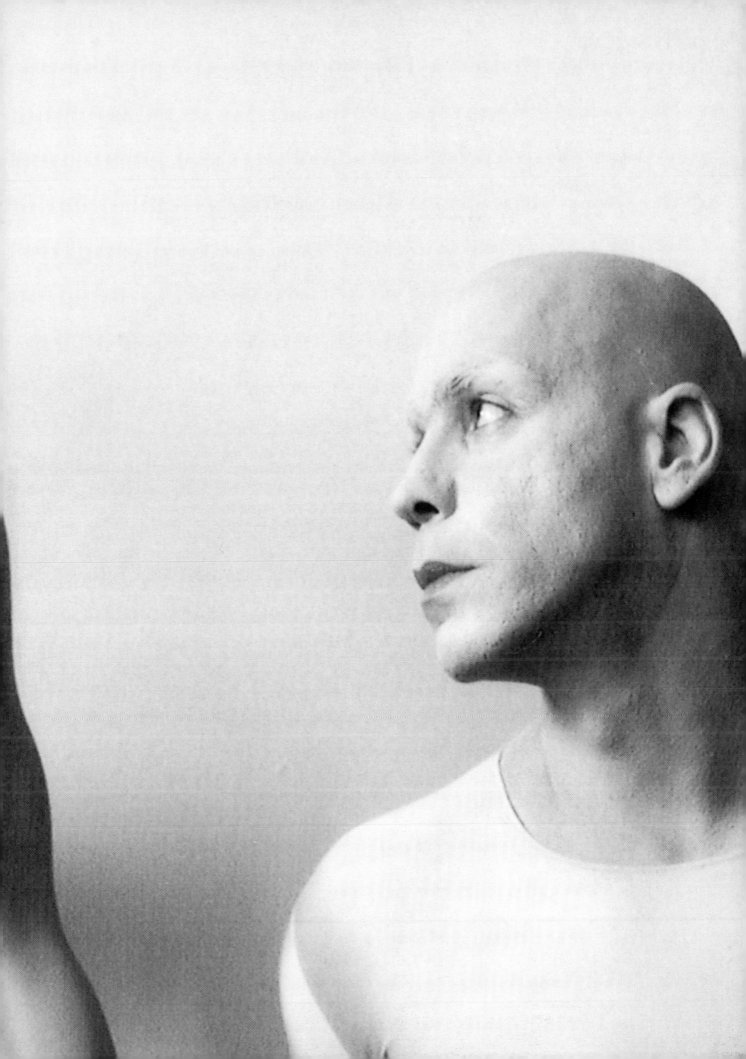

Freiheit

Wein von süßer Rebe
ich trink den Schweiß der Gitterstäbe
sie singen mit dem ersten Vogel
was ich bin und was ich lebe
weiß der Kettenhund dort am Turm

Ich sitze auf dem Bett
seh mir Fotos an
halt meine Jugend in der Hand
wie die Zeit vergeht
hinter Stein und Stahl
weiß der Kettenhund dort am Turm

In meiner Not
hab ich dem Mond gedroht
ängstlich hielt
er dann
die Gezeiten an
die Richterin im Abendkleid
liegt jetzt bei mir in Flüssigkeit

Der letzte Freund mir blieb
das Kindermädchen
ist auch schon tot

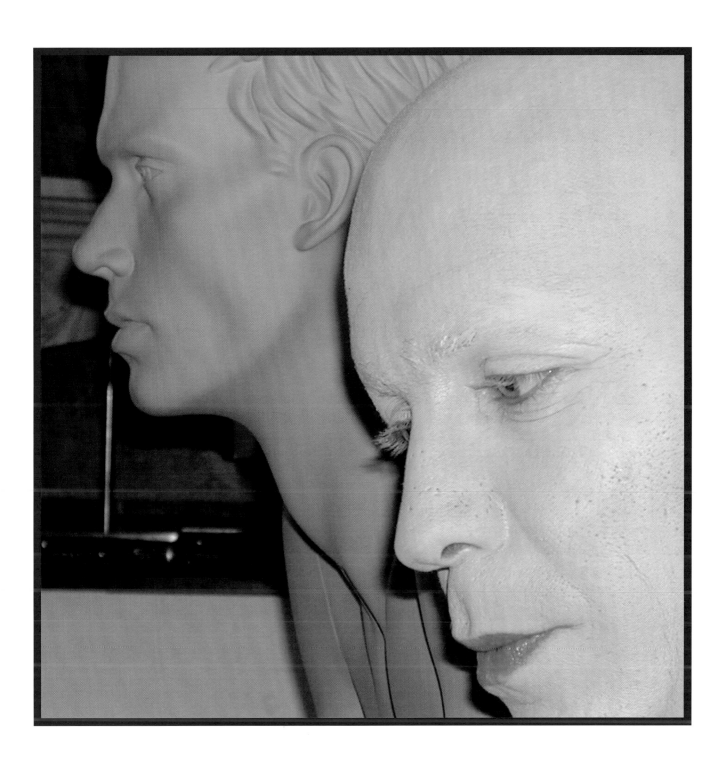

Glück

Das Leben birgt auch gute Stunden
hab Fischaugen am Strand gefunden
werd sie auf meine Augen nähen
kann dich dann unter Wasser sehen
und all die bunten Wasserschlangen
aus deinem schönen Schädel fangen